中华诗礼文化

ZHONGHUA SHILI WENHUA

（第一册）

辛培文　主编

中国海洋大学出版社

· 青岛 ·

图书在版编目（CIP）数据

中华诗礼文化 / 辛培文, 张树堂主编 . -- 青岛：
中国海洋大学出版社, 2023. 12
ISBN 978-7-5670-3693-2

Ⅰ. ①中…　Ⅱ. ①辛…②张…　Ⅲ. ①《诗经》－诗
歌研究②礼仪－研究－中国－古代　Ⅳ. ①I207. 222
②K892. 9

中国国家版本馆 CIP 数据核字（2023）第 212414 号

出版发行	中国海洋大学出版社
社　　址	青岛市香港东路 23 号　　邮政编码　266071
出 版 人	刘文菁
网　　址	http://pub.ouc.edu.cn
订购电话	0532－82032573（传真）
责任编辑	孙宇菲　刘　琳　　　　电　　话　0532－85902349
印　　制	青岛泰兴印刷有限公司
版　　次	2023 年 12 月第 1 版
印　　次	2023 年 12 月第 1 次印刷
成品尺寸	185 mm ×260 mm
印　　张	39. 25
字　　数	888 千
印　　数	1—3 600
定　　价	180. 00 元（共 3 册）

发现印装质量问题,请致电 0532-83812887,由印刷厂负责调换。

"中华诗礼文化"丛书

主　编　辛培文　张树堂

第一册

主　编　辛培文

副主编　王春晓　张朝恒

编　委　（按姓氏笔画排列）

王芳华　王春晓　冯其光　李　丽

杨昌同　来晓丹　肖　慧　辛培文

张树堂　张晓丽　张朝恒　林　涛

赵永江　程胜安

序

　　刘勰《文心雕龙·原道》开篇就盛赞文之功用:"文之为德也,大矣。"曹丕《典论·论文》有言:"文章乃经国之大业,不朽之盛事。"古代圣贤们在这一强大的精神动力下,创造了经史子集这一人类历史上绝无仅有的文化奇迹。经史子集是中华民族的瑰宝,唯有学好才能发挥其"经国"的价值,不朽之光在传承中才能熠熠生辉。

　　宗经是经史子集之魂魄。"经也者,恒久之至道,不刊之鸿教也。故象天地,效鬼神,参物序,制人纪,洞性灵之奥区,极文章之骨髓者也。……义既埏乎性情,辞亦匠于文理,故能开学养正,昭明有融。然而道心惟微,圣谟卓绝,墙宇重峻,而吐纳自深。譬万钧之洪钟,无铮铮之细响矣。"(《文心雕龙·宗经》)学经,重在"开学养正",所以张载主张"蒙以养正",即强调童蒙时期就开始学习以"四书五经"为核心的经典,从而变化气质,隐恶扬善,立鸿鹄之志。张载言:"学者大不宜志小气轻。志小则易足,易足则无由进;气轻则虚而为盈,约而为泰,亡而为有,以未知为已知,未学为已学。"(《经学理窟·学大原下》)学经可培植根本,可使人志大气雄,志大气雄自然成栋梁之材。

　　学好经史子集要下功夫。记诵是第一功夫。中国古代教育重记诵,孩童时期读书,以记诵为主,待成人后,读书也特别强调记诵。只有记诵精熟,才能融会贯通。章学诚深知记诵之重要,把记诵比作"学问之舟车"。韩愈:"自知读书,日记数千百言,比长,尽能通六经、百家学。"(《符读书城南》)张载:"书须成诵精思,多在夜中或静坐得之";"记得便说得,说得便行得,故始学亦不可无诵记。"(《经学理窟·义理》)朱熹:"凡读书且要熟读,不可只管思。读得通贯后而义理自出。读书须是成诵方精熟,今所以记不得,说不出,心下若存若亡,皆是不精不熟之患。"(《朱子读书法》)"温书",古代蒙学教育非常重视这一环节,每次讲授新课之前,必"温书",而且还有十日、一月、一年的阶段性"温书",如此温习记诵则终生不忘,终生不忘自会受益终生。

博学是第二功夫。博学与记诵，如车之两轮，鸟之两翼，缺一不可。韩愈："读书患不多""仆少好学问，自五经之外，百氏之书，未有闻而不求、得而不观者；然其所志惟在其意义所归。"（《答侯继书》）张载："惟博学然后有可得以参较琢磨，学博则转密察，钻之弥坚，于实处转笃实，转诚转信。故只是要博学，学愈博则义愈精微，舜好问，好察迩言，皆所以尽精微也。"（《经学理窟·气质》）章学诚："学之要于博也，所以为知类也。张罗求鸟，得鸟者不过一目；以一目为罗，则鸟不可得也。然则罗之多目，所以为一目的也。"（《文史通义·博杂》）

气盛言宜，"文如万斛泉源"是学经史子集的"大成"境界。韩愈："气，水也；言，浮物也。水大而物之浮者大小毕浮，气之与言犹是也。气盛则言之短长与声之高下者皆宜。"（《答李翊书》）苏轼："吾文如万斛泉源，不择地而出，在平地滔滔汩汩，虽一日千里无难。及其与山石曲折、随物赋形而不可知也。所可知者，常行于所当行，常止于不可不止，如是而已矣，其他虽吾亦不能知也。"（《文说》）其实，韩愈说的气、苏轼说的水皆记诵博学之储备，无功夫，就谈不上气盛言宜，也无万斛泉源的不择地而出。黄庭坚说："自作语最难，老杜作诗，退之作文，无一字无来处。盖后人读书少，故谓韩、杜自作此语耳。古之能为文章者，真能陶冶万物……又不可不知其曲折，幸熟思之。"（《答洪驹父书》）要陶冶万物、知文章曲折，无捷径可走，唯有下记诵博学的大功夫。

如何读书治学，贤者识大，不贤识小。世人多"以重言为真"（《庄子·寓言》），故重言"十九"共勉。是为序。

栽大木

2023 年 8 月

凡 例

一、丛书为中华传统文化典籍选本,以诗礼文化为核心,兼及中国古代物质文化。

二、丛书每一册均按传统经、史、子、集四部排序,四部典籍分类以《四库全书总目》与《续修四库全书总目》为主要依据。

三、丛书涉及《四库全书总目》经、史、子、集四部中除"子部•释家"之外的43类典籍,并根据《续修四库全书总目》于集部末附"小说类"篇目,以期概览中华传统文化。

四、历代诗词曲(《诗经》《楚辞》外)均归入集部别集类,各册按年代独立编排,以便诵习。

五、每册经、史、子、集各部均构成独立单元,并各附"文化记忆"一节,以专题形式贯通诗礼文化各个重要元素。

六、丛书各篇章宜相互参读。经部义理可以参证史部事实;集部诗文亦可参阅子部撰述。具体而言,太白诗文可参读太白传记,太史公《张良纳履》可参读东坡《留侯论》,以求贯通;《营造法式》章节则可参照"文化记忆•古代建筑",以博其趣。此不一一列举。

七、丛书力避小学教材所选诗文,以期拓宽视野,获取新知;于中学文史教材则不避,以期系统完备,日后学有余力。

八、史部选文,第一册正文多为据史改编的故事,基于原文,贴近口语,以便初习;史籍原文附后,以便日后参读。第二、三册则以原文为正文,以见梯次,以求进益。

九、各章节均由按语、原文、注释、译文(诗词曲、古典白话小说和资料性书籍不译)与相关拓展内容构成。

十、经典作品经得起多视角的解读,丛书所加按语仅作某一方面的提示,以供诵习之助。

十一、书页背景图均为古人画作,山水花鸟、人物器服,诗文图画,意在切合,而仅得仿佛,唯在参览意会增添兴味而已;文物服饰、楼观草木之插图,择要略例,唯示博览通识之门径,以启格物致知之兴趣。

总 目 录

第一册

·经 部·

·史 部·

•子 部•

•集 部•

3

第二册

·经 部·

·史 部·

·子 部·

·集 部·

第三册

·经 部·

·史 部·

·子 部·

·集部·

本册目录

·经部·

·史部·

·子 部·

·集 部·

经部

　　"经"的本意是丝织物中纵向的丝线。从古代织布的过程来看必须先有经线,再有横向的纬线。因此人们就把最为重要的典籍称为经。《诗经》《尚书》《礼记》《周易》《春秋》等被尊奉为"五经",后又补充了《论语》《孟子》《孝经》《尔雅》等典籍,称为"十三经"。"十三经"与解读这些经书的著作共同组成了"经部"。

1 《周易》一则

《周易》是中国传统思想文化中自然哲学与人文实践的理论根源，是古代智慧的结晶，被誉为"大道之源"。

德①言②盛③，礼④言恭⑤。

——《系辞上》

注 释

① 德：道德。

② 言：语气助词。

③ 盛：盛大。

④ 礼：礼节。

⑤ 恭：恭敬。

译 文

道德贵在盛大，礼节贵在恭敬。

拓 展

《周易》相传系周文王所作，包括《经》和《传》两个部分。《经》主要包括六十四卦和三百八十四爻，卦和爻各有说明（卦辞、爻辞），作为占卜之用。《传》包含解释卦辞和爻辞的七种文辞，共十篇，统称"十翼"。

宋·刘松年《秋窗读书图》

2 《周易》一则

《周易》中的义理发人深省，语言也很优美、对称，仿佛诗歌一般。

míng hè zài yīn　qí zǐ hè zhī　wǒ yǒu hǎo jué　wú yǔ ěr mí zhī
鸣鹤在阴①，其子和之；我有好爵②，吾与尔③靡④之。

zhōng fú jiǔ èr
——《中孚·九二》

注 释

① 阴：通"荫"，树荫。
② 爵：饮酒的器具，此处代指"酒"。
③ 尔：你。
④ 靡：原意为分散，这里是分享的意思。

译 文

鹤在树荫下鸣叫，小鹤在旁边跟着鸣叫；我有上好的美酒，与你分享。

拓 展

《周易》每一卦有六爻，即六个符号组成，六爻由两部分组成，即上卦和下卦。上卦和下卦分别取八卦中的某一卦。八卦指乾、坤、震、巽、坎、离、艮、兑。八卦对应八种自然物：乾为天，坤为地，震为雷，巽为风，坎为水，离为火，艮为山，兑为泽。

南宋·朱惟德《江亭揽胜图》

3　周易·杂卦（节选）
zhōu yì　zá guà　jié xuǎn

《周易·杂卦》是《周易》中"十翼"之一，旨在以精要的语言说明卦义以及两两对举的卦象之间的错综关系。《杂卦》往往以一两个字来概括一卦之义，并且用朗朗上口的韵文写成，诵读时应用心体会。

《乾》刚《坤》柔^①，《比》乐《师》忧^②；《临》《观》之义，或与或求^③。
qián gāng kūn róu　bǐ lè shī yōu　lín guān zhī yì huò yǔ huò qiú

注释

①《乾》刚《坤》柔：《乾》《坤》两卦是六十四卦刚柔的根本，因此《杂卦》以此开始。

②《比》乐《师》忧：《比》卦含亲密比辅之义，所以快乐；《师》卦含兵众兴动之象，所以忧愁。

③《临》《观》之义，或与或求：《临》卦居高临下，所以能够施与；《观》卦观瞻仰视，所以有所营求。

译文

《乾》卦刚健，《坤》卦阴柔。《比》卦快乐，《师》卦忧愁。《临》卦和《观》卦的意义，有的是施与，有的是请求。

拓展

《杂卦》，又称《杂卦传》，为《周易》"十翼"之一，旨在以精要的韵文说明各卦之间的错综关系。晋韩康伯注："杂卦者，杂糅众卦，错综其义，或以同相类，或以异相明也。"以相辅相成的观点把"六十四卦"分为三十二对，两两一组，一正一反，用一两个字解释其卦义。

明·文徵明《扇面山水图》

4 《尚书》一则
<small>shàng shū　　yì zé</small>

秦始皇统一中国后,颁布焚书令,民间所藏的《诗经》《尚书》等诸多典籍要送交官府,集中焚毁。清代段玉裁在《古文尚书撰异》里说:"经惟《尚书》最尊,《尚书》之离厄最甚。"因此,我们要珍惜学习《尚书》的机会。

<small>shī yán zhì　　gē yǒng yán　　shēng yī yǒng　　lǜ hè shēng</small>
诗言志①,歌永言②,声依永③,律和声④。

——《舜典》
<small>shùn diǎn</small>

注释

① 诗言志:诗是用来表达人的思想的。

② 歌永言:歌用语言把情感咏唱出来。永,一说通"咏"。

③ 声依永:声音的高低又和舒缓的咏唱相配合。声,五声,即宫、商、角、徵、羽。依,伴随,配合。永,舒缓的咏唱。

④ 律和声:律吕用来调和声调。律吕,六律六吕。六律指黄钟、太簇、姑洗、蕤宾、夷则、无射;六吕指大吕、应钟、南吕、林钟、仲吕、夹钟。和,应和,协调。

译文

诗是用来表达人的思想感情,歌用语言把情感咏唱出来,歌唱的声音要根据吟咏的情感,也要符合音律。

拓展

《尚书》,最早书名为《书》,是一部追述古代事迹著作的汇编,分为《虞书》《夏书》《商书》《周书》。因是儒家"五经"之一,又称《书经》。

5 《尚书》一则

毛泽东主席说："虚心使人进步，骄傲使人落后。"这句话蕴含的道理跟《尚书·大禹谟》中的"满招损，谦受益"有着内在的联系，诵读时请用心体会。

满①招②损③，谦④受⑤益⑥，时乃天道。

——《大禹谟》

注释

① 满：骄傲，自满。

② 招：招来。

③ 损：损害，损失。

④ 谦：谦虚。

⑤ 受：受到，得到。

⑥ 益：益处。

译文

自满将会招来损失，谦虚就能因此得到益处，这是自然规律。

拓展

《大禹谟》是"五经"之一的《尚书》中的一篇散文。这篇文章的内容可分为四部分：第一部分是序，介绍写作《大禹谟》《皋陶谟》《益稷》的缘由；第二部分，叙述舜帝与大禹、伯益讨论政事，赞美帝尧的美德，阐述了各自的治国见解；第三部分，记叙舜禅位于禹的经过；第四部分，叙述大禹以德感化苗民。

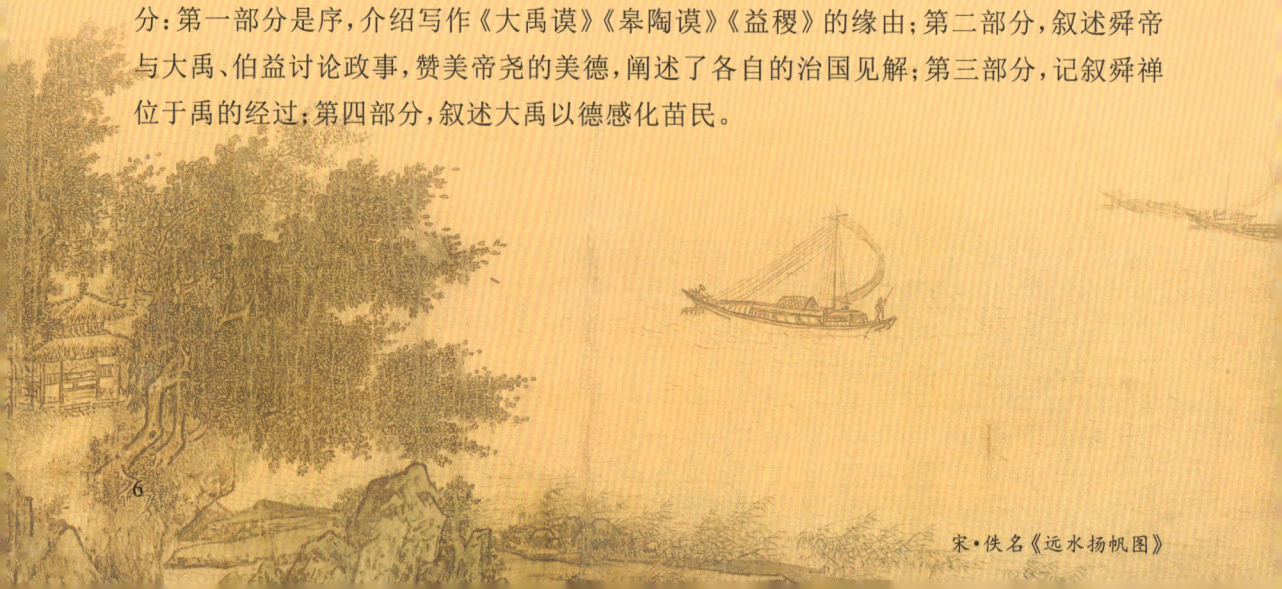

宋·佚名《远水扬帆图》

6 诗经·采薇（节选）
shī jīng cǎi wēi jié xuǎn

同一个"我"，有"昔往""今来"之分；同一条路，有"杨柳依依"的离愁别绪与"雨雪霏霏"的凄凉冷寂之别。这一"来"一"往"之中，包含了多少人生感慨！

昔①我往矣，杨柳依依②。今我来思③，雨雪④霏霏⑤。
xī wǒ wǎng yǐ yáng liǔ yī yī jīn wǒ lái sī yù xuě fēi fēi

注释

① 昔：往昔，指出征的时候。
② 依依：形容柳枝随风飘扬。
③ 思：语末助词。
④ 雨雪：指下雪像下雨一样，形容雪下得很大。
⑤ 霏霏：大雪纷飞的景象。

拓展

《诗经》是中国第一部诗歌总集，共收录从西周初年到春秋中叶500多年的300余篇诗歌。在内容上分为风、雅、颂三部分，其以描写现实、反映现实的写作手法，开创诗歌创作的现实主义风格。《诗经》在中国乃至世界文化史上都占有重要地位。

宋·佚名《柳溪春色图》

7 诗经·击鼓（节选）

shī jīng jī gǔ jié xuǎn

《诗经》关注现实、抒发真情实感，具有震撼人心的艺术魅力，是中国现实主义文学的第一座里程碑。

sǐ shēng qì kuò yǔ zǐ chéngshuō zhí zǐ zhī shǒu yǔ zǐ xié lǎo
死 生 契 阔①，与 子 成 说②。执 子 之 手，与 子 偕 老。

注释

① 契阔：合与分。
② 成说：约定誓言。

拓展

此句出自《邶风·击鼓》，是《诗经》中一篇战争题材的诗。全诗分为五章：前三章征人自叙出征的情景，承接绵密，如怨如慕，如泣如诉；后两章描写战士之间的互相鼓励、同生共死，令人感动。其中，描写战士感情的著名诗句"死生契阔，与子成说。执子之手，与子偕老"在后世也被用来形容夫妻情深。

明·文徵明《扇面山水图》

8 诗经（节选）
shī jīng jié xuǎn

《汉广》是一首樵夫唱的歌。在砍柴的时候，高大的乔木和浩渺的江水触动了他的情思，心中爱慕却又难以企及，无限惆怅，就唱出这首婉转动人的恋歌。后人常用《柏舟》中的"我心匪石，不可转也。我心匪席，不可卷也"表明坚定不移的意志，或者对感情的忠贞。

hàn zhī guǎng yǐ bù kě yǒng sī jiāng zhī yǒng yǐ bù kě fāng sī
汉①之广矣，不可泳思。江之永②矣，不可方③思。

——《周南·汉广》
zhōu nán   hàn guǎng

wǒ xīn fēi shí bù kě zhuàn yě wǒ xīn fēi xí bù kě juǎn yě
我心匪④石，不可转⑤也。我心匪席，不可卷也。

——《国风·邶风·柏舟》
guó fēng bèi fēng bǎi zhōu

注 释

① 汉：指汉水，长江支流之一。
② 永：水流长也。
③ 方：坐木筏渡江。
④ 匪：同"非"，不是。
⑤ 转：搬动，转动。

拓 展

《国风·邶风·柏舟》这首诗以"忧"为主题，忧之深，无以诉，无以泻，无以解，环环相扣。无论这首诗是写君子怀才不遇、受小人欺侮的内心痛苦，还是写妻子被丈夫遗弃而不甘屈服的忧愤，其价值在现实中被悲剧性地否定，郁郁不得志，但以诗言志，表明坚定不移的决心和不屈不挠的精神。

9 《礼记》一则

"礼"是中国传统文化的特质之一。"礼尚往来"一直是中国人与人交往、待人接物所尊崇的礼仪规范。《诗经·卫风·木瓜》中就说道："投我以木桃，报之以琼瑶。匪报也，永以为好也。"

礼尚①往来，往而不来，非礼也；来而不往，亦②非礼也。人有礼则安，无礼则危。故曰：礼者不可不学也。

——《曲礼上》

注释

① 尚：崇尚，追求。

② 亦：也。

译文

礼节重在有来有往，有往而无来不合乎礼数，有来而无往，也是不合乎礼数的。人讲究礼节才能心安身安，否则就会遭受危险。所以说，礼的学问是不能不学的。

拓展

《礼记》成书于汉代，相传为西汉礼学家戴圣所编。《礼记》是中国古代一部重要的典章制度选集，内容主要写先秦的礼制，体现了先秦儒家的哲学思想、教育思想、政治思想以及美学思想，是研究先秦社会的重要资料。

明·沈周《京江送别图》

10 左传（节选）

zuǒ zhuàn jié xuǎn

［春秋］左丘明

人的生命是有限的，而只有不断提高自身的修养，成就一番事业，才能使有限的生命具有无限的价值。

"大上①有立德②，其次有立功③，其次有立言④。"虽久不废，此之谓不朽。

——《襄公二十四年》

注释

①大上：即"太上"，最高，最上。
②立德：树立德行。
③立功：建立功业。
④立言：著书立说。

译文

"最上等的是树立德行，其次是建立功业，再其次是创立学说。"即使过了很久也不会被废弃，这就叫作不朽。

拓展

《左传》，左丘明著，是中国古代一部叙事完备的编年体史书，更是先秦散文经典著作。作品原名为《左氏春秋》，汉朝以后多称《左传》。它是儒家重要经典之一，与《公羊传》《穀梁传》合称"春秋三传"。《左传》叙事起自鲁隐公元年（前722），讫于鲁哀公二十七年（前468），代表了先秦史学的最高成就，对后世的史学产生了重大影响。《左传》也是一部优秀的文学著作，长于记述战争，善于刻画人物，重视记录辞令。贺循评价说："左氏之传，史之极也，文采若云月，高深若山海。"

明·项圣谟《秋景图》

11 大学 章 句 集 注 · 第五 章（节选）
dà xué zhāng jù jí zhù　dì wǔ zhāng　jié xuǎn

sòng zhū xī
[宋] 朱 熹

"格物致知"的意思是推究事物的原理，从而获得知识。这里的"物"也指"事"。"格物致知"又有在实践中积累经验的意思，作为获取知识的一个重要方面，"格物致知"说体现了古人的智慧。

suǒ wèi zhì zhī zài gé wù　zhě yán yù zhì wú zhī zhī　zài jí wù ér qióng　qí lǐ yě　gài rén
所谓致知在格物①者，言欲致吾之知，在即物而穷②其理也。盖人
xīn zhī líng　mò bù yǒu zhī　ér tiān xià zhī wù　mò bù yǒu lǐ　wéi yú lǐ yǒu wèi qióng gù qí zhī
心之灵，莫不有知；而天下之物，莫不有理。惟于理有未穷，故其知
yǒu bú jìn yě
有不尽也。

注 释

① 格物：认识和研究事物。
② 穷：明白，穷尽。

译 文

所说获得知识的途径在于认识和研究事物，是指要想获取知识，就必须接触事物并研究事理。人的心灵都有认知能力，而天下的事物都有一定的原理。只是这些原理没有被完全认识清楚，所以人的知识也有局限。

拓 展

明·钱德洪《王文成公年谱》："先生始侍龙山公于京师，遍求考亭遗书读之，一日思先儒谓'众物必有表里精粗，一草一木，皆涵至理'，官署中多竹，即取竹格之，深思其理不得，遂遇疾；先生自委圣贤有分，乃随世就辞章之学。"

明·陈洪绶《花卉山水》

12 《论语》二则

《论语》中多处引用《诗经》,其情景与用意各不相同。我们一起看一看孔子及其弟子是如何学诗、用诗的,进而探究孔门之诗教传习。

子曰:"兴①于《诗》,立于礼,成于乐。"

——《泰伯篇第八》

子曰:"《诗》三百,一言以蔽②之,曰:'思无邪'。"

——《为政篇第二》

注释

① 兴:兴起,开始。
② 蔽:概括。

译文

孔子说:"人的修养从学习《诗经》开始,把礼作为立身的根基,掌握音乐使所学得以完成。"

孔子说:"《诗经》三百篇,可以用一句话来概括它,就是'思无邪'。"

拓展

《论语》由孔子弟子及再传弟子编写而成,主要记录孔了及其弟子的言行,以语录体为主,全书共20篇492章。其集中体现了孔子的政治主张、伦理思想、道德观念及教育原则等,是儒家学派的经典著作之一。

宋·郭熙《窠石平远图》

13 《论语》二则

中国人民自古以来就对松柏怀有一种特殊的感情，常以之象征坚强不屈的品格。生活中我们总是会困惑，会忧虑，会恐惧。如果你心中茫然没有方向，不妨静下心来，努力去思考，去学习，提高自己的认知，唯有如此，一个人才能坚定方向，不再困惑。

子曰："岁寒①，然后知松柏之后雕②也。"

——《子罕篇第九》

子曰："知③者不惑，仁者不忧，勇者不惧④。"

——《子罕篇第九》

注 释

① 岁寒：一年中的寒冷季节，深冬。

② 雕：通"凋"，凋零。

③ 知：通"智"，聪明。

④ 惧：害怕，恐惧。

译 文

孔子说："直到一年中的寒冷季节，才知道松柏是最后落叶的。"

孔子说："聪明的人不会迷惑，有仁德的人不会忧愁，勇敢的人不会畏惧。"

拓 展

三国魏·何晏《论语集解》："大寒之岁，众木皆死，然后知松柏小凋伤；平岁则众木亦有不死者，故须岁寒而后别之。喻凡人处治世，亦能自修整，与君子同，在浊世，然后知君子之正，不苟容也。"

宋·朱熹《朱子文集·答石子重》："问：知以明之，仁以守之，勇以行之，其要在致知。知之明，非仁以守之，则不可；以仁守之，非勇而行之，亦不可。三者不可阙一，而知为先。曰：此说甚善，正吾人所当自力也。"

14 揠苗助长
yà miáo zhù zhǎng

万事万物皆有其自身的生长规律，如果不按客观规律办事，会发生什么呢？

sòng rén yǒu mǐn   qí miáo zhī bù zhǎng ér yà   zhī zhě máng máng rán guī   wèi qí rén yuē
宋 人 有 闵① 其 苗 之 不 长 而 揠② 之 者，芒 芒 然 归，谓 其 人 曰：

jīn rì bìng yǐ   yú zhù miáo zhǎng yǐ   qí zǐ qū   ér wǎng shì zhī miáo zé gǎo   yǐ
"今 日 病 矣，予 助 苗 长 矣。"其 子 趋③ 而 往 视 之，苗 则 槁④ 矣。

mèng zǐ gōng sūn chǒu shàng
——《孟 子·公 孙 丑 上》

注 释

① 闵：同"悯"，怜悯，担心。
② 揠：拔。
③ 趋：快步走。
④ 槁：干枯，枯落。

译 文

宋国有个人担心他的禾苗长不高，就去拔禾苗。他十分疲劳地回到家，对家里人说："今天太累了！我帮助禾苗长高了！"他的儿子快步走到田里查看禾苗的情况，发现禾苗都枯萎了。

拓 展

孟子（前 372—前 289），名轲，字子舆，邹国（今山东省邹城市东南）人。战国时期的哲学家、思想家和教育家，和孔子并称为"孔孟"。他宣扬"仁政"，最早提出了"民贵君轻"思想。他的言论收录于《孟子》一书中。

15 《孟子》一则

《近思录》有言："不能动人，只是诚不至。于事厌倦，皆是无诚处。"意思是要想打动人，就要做到心诚恳至。孟子下面的话就是提醒人们要经常反省自身，做到诚意正心，并勉力推行仁爱之心。

孟子曰："万物皆备于我矣。反身①而诚，乐莫大焉。强恕②而行，求仁莫近焉。"

——《尽心上》

注释

① 反身：自我反省。
② 恕：指儒家推己及人的恕道。

译文

孟子说："一切人伦事理都具备在自己身上了。反躬自问确实心诚，这就是最大的快乐了。努力用推己及人的恕道去做，达到仁德的路没有比这更近的了。"

拓展

宋·朱熹《四书章句集注》："此章言万物之理具于吾身，体之而实，则道在我而乐有余；行之以恕，则私不容而仁可得。"

16 《孟子》一则

民族危难之际、国家倾危之时，总有真正的"大丈夫"挺身而出，救民众于水火中。志士仁人无不把下面的这条格言当作毕生信条。

居天下之广居，立天下之正位，行天下之大道①。得志②，与民由③之；不得志，独行其道④。富贵不能淫⑤，贫贱不能移⑥，威武不能屈⑦，此之谓大丈夫。

——《滕文公下》

注 释

① 大道：宽阔的道路。

② 得志：实现志向。

③ 由：遵循。

④ 独行其道：一个人也要走这条路。独，独自。行，这里是固守、坚持的意思。道，引申为原则、行为准则。

⑤ 淫：迷惑。

⑥ 移：改变。

⑦ 屈：屈服。

译 文

人居住在天下这么广阔的住所，站在天下最正确的位置，走着天下最宽阔的道路。如果能实现志向，则带领百姓一同走这条路；不能实现志向之时，一个人也要走这条路。富贵不能迷惑他的心，贫贱也不能使他变节，威武更不能使他屈服，这样的人才是真正的大丈夫。

拓 展

宋·朱熹《四书章句集注》："何叔京曰：'战国之时，圣贤道否，天下不复见其德业之盛；但见奸巧之徒，得志横行，气焰可畏，遂以为大丈夫。不知由君子观之，是乃妾妇之道耳，何足道哉？'"

文化记忆一·认识瓷器

　　中国古代瓷器是中华民族珍贵的历史文化遗产，是最富民族特色的艺术品之一。瓷器的发明是中华民族对世界文明的伟大贡献，英文中"瓷器（china）"与中国（China）同为一词，可以充分说明中国是瓷器的故乡。

　　中国是世界上最早生产瓷器的国家。10000 年前已有陶器，3000 多年前的商代，就开始烧制原始青瓷。到东汉年间，青瓷的烧造已经达到很高水平。

鹰形陶鼎

晋青瓷羊形烛台

蛋壳黑陶高柄杯

　　蛋壳黑陶高柄杯，泥质黑陶，器表乌黑光亮；口沿宽斜状，杯身深腹造型，细管形高柄，细柄中部鼓出部位中空并装饰镂孔，貌似笼状，其内放置一粒陶丸，将杯子拿在手中晃动时，陶丸碰撞杯壁会发出清脆响声，杯子站立时，陶丸落定能够起到稳定重心作用。这件高柄杯的造型体态轻盈，挺拔秀丽，制作技艺美妙绝伦，是一件古代艺术珍品。

　　唐宋时期，制瓷业飞速发展，成为瓷器艺术发展的高峰。宋代有汝、官、哥、定、钧五大名窑，取得了空前的艺术成就。

唐三彩盖罐

宋青白釉刻莲瓣纹执壶、温碗

宋龙泉窑青瓷刻花执壶

　　元明清时期,制瓷业更加繁荣昌盛。元代最突出的成就是釉下青花等品种的烧制成功,即青花瓷。明清时期景德镇御窑厂建立,御窑厂烧造出造型丰富、釉彩缤纷、纹饰精美的瓷器。明清工匠还创烧了青花五彩、斗彩、珐琅彩、粉彩等品种,代表了古代瓷器生产新水平。

　　青花瓷,常简称青花,是中国瓷器的主流品种之一,属釉下彩瓷。青花瓷是用含氧化钴的钴矿为原料,在陶瓷坯体上描绘纹饰,再在纹饰上罩一层透明釉,经高温还原焰一次烧成。钴料烧成后呈蓝色,具有着色力强、发色鲜艳、烧成率高、呈色稳定的特点。原始青花瓷在唐宋已初具模型,成熟的青花瓷则出现在元代景德镇的湖田窑。明代时青花瓷成为瓷器的主流。

　　精美的瓷器具有高度的艺术价值,被通过各种贸易渠道传到世界各个国家。

pán 盘　　　　元祭蓝釉白龙纹盘

píng 瓶　　　　明永乐青花桃竹纹梅瓶

wǎn 碗　　　　明宣德青花四季花卉纹碗

guàn 罐　　　　清顺治青花花鸟图盖罐

zūn 尊　　　　清康熙青花山水人物图凤尾尊

bēi 杯　　　　清康熙青花十二月花卉纹杯

hú 壶　　　　清雍正青花缠枝莲纹双耳扁壶

xǐ 洗　　　　清嘉庆青花缠枝莲开光诗文海棠式洗

史部

从篆书字形可以看出，"史"字是由"又"与"中"组合而成的，古代文字学家解释为："记事者也。从又持中。中，正也。""又"是右手执笔的样子，"中"指的是书写时要秉持平正之心，要求史书记载要客观公正。"史"是负责记录重大事件的官员，"史部"收录的是古代历史方面的典籍。

17 张良纳履

zhāng liáng nà lǚ

　　"圯上敬履""孺子可教"讲的都是张良的故事。在"汉初三杰"中，韩信被杀，萧何被囚，张良却毫发无损。这说明张良既有军事才能又具有政治智慧，而这一切似乎都能在与黄石老人的相遇中找到答案。

　　张良从容地在下邳桥上闲游，遇见一个老人，穿着麻布粗衣，他走到张良跟前，故意把他的鞋甩到桥下，看着张良说："小孩下去把鞋捡上来！"张良有些惊愕，想打他一顿，因为见他年事已高，勉强地忍了下来，下去捡来了鞋。老人说："给我把鞋穿上！"张良既然已经替他把鞋捡了上来，就跪着替他穿上。老人把脚伸出来穿上鞋，笑着离去了。张良十分惊讶，注视着老人的身影离开。老人走了约有一里路，又返回来，说："你这个孩子可以教导教导。五天以后拂晓时，和我在这里相会。"张良觉得这件事很奇怪，跪下来说："好的。"五天后天刚亮，张良去到那里。老人已先到了，他生气地说："跟老年人约定相会，却后到，为什么呢？"老人离去，又返回说："五天以后早早来会面。"五天后鸡一叫，张良就去了。没想到老人又先在那里，生气地说："你又来晚了，这是为什么？"老人离开时说："五天后再早点儿来。"五天后，张良不到半夜就去了。不一会儿，老人也来了，高兴地说："应当像这样才好。"老人拿出一部书，说："读了这部书就可以做帝王的老师了。十年后定有所发展。十三年后你到济北见我，谷城山下的黄石就是我。"没有留下别的话便走了，从此张良再也没有见到这位老人。天亮时，张良一看老人送的书，原来是《太公兵法》。张良因而觉得这部书非同寻常，经常诵读、学习它。

原文

　　良尝闲从容步游下邳圯①上，有一老父，衣褐②，至良所，直堕③其履④圯下，顾⑤谓良曰："孺子⑥，下取履！"良愕然，欲殴⑦之。为其老，强忍，下取履。父曰："履我！"良业为取履，因长跪履之。父以足受，笑而去。良殊大惊，随目之。父去里所，复还，曰："孺子可教矣。后五日平明,与我会此。"良因怪之,跪曰:"诺。"五日平明,良往。父已先在,怒曰:"与老人期⑧,后,何也?"去,曰:"后五日早会。"五日鸡鸣,良往。父又先在,复怒曰:"后,何也?"去,曰:"后五日复早来。"五日,良夜未半往。有顷⑨,父亦来,喜曰:"当如是。"出一编书,曰:"读此则为王者师矣。后十年兴。十三年孺子见我济北,谷城山下黄石即我矣。"遂去,无他言,不复见。旦日⑩视其书,乃《太公兵法》也。良因异之,常习诵读之。

——《史记·留侯世家》

注 释

① 圯:桥上。

② 褐:麻布粗衣。

③ 堕:踢落。

④ 履:鞋子。

⑤ 顾:看着。

⑥ 孺子:小孩。

⑦ 殴:打。

⑧ 期:约定。

⑨ 顷:一会儿。

⑩ 旦日:天亮。

拓 展

张良(? —前186),字子房,秦末汉初杰出谋臣,西汉开国功臣,与韩信、萧何并称为"汉初三杰"。张良足智多谋,力劝刘邦在鸿门宴上卑辞言和,保存实力,并疏通项羽季父项伯,使得刘邦顺利脱身。凭借出色的智谋,协助汉王刘邦赢得楚汉战争,建立大汉王朝,帮助吕后之子刘盈成为皇太子,被册封为留侯。汉高祖刘邦曾评价他说:"夫运筹帷帐之中,决胜于千里之外,吾不如子房。"

宋·李嵩《溪山水阁图页》

18　李广射石
lǐ guǎng shè shí

［汉］班固
hàn bān gù

　　"但使龙城飞将在,不教胡马度阴山",这句诗中的"龙城飞将"指的是汉代"飞将军"李广。李广一生战功卓著而命运多舛,因而引发了历代诗人的赞颂与叹惋。司马迁、班固分别在《史记》与《汉书》中为李广作传,记述了这位著名将领波澜壮阔的一生。下面"李广射石"的故事,则是史传中颇具传奇色彩的一笔。

guǎng chū liè jiàn cǎo zhōng shí yǐ wéi hǔ ér shè zhī zhòng shí mò zú shì zhī shí yě
广①出猎,见草中石,以为虎而射之,中石没②镞,视之石也。
yīn fù gēng shè zhī zhōng bù néng fù rù shí yǐ
因复更射之,终不能复入石矣。

——《史记·李将军传》
shǐ jì lǐ jiāng jūn zhuàn

注释

　　① 广:李广(?—前119),陇西成纪(今甘肃省秦安县)人,西汉时期名将,秦朝名将李信的后代。

　　② 没:射入,此处指箭全部射进去了。

译文

　　李广外出打猎,看见草丛中的一块大石头,以为是老虎就一箭射去,射中石头,箭头没入其中,近看才发现是一块石头。改天李广又射石头,但是最终也没能再将箭射进石头里。

拓展

　　广出猎,见草中石,以为虎而射之,中石没矢,视之,石也。他日射之,终不能入矣。

——《汉书·李广苏建传》

清·恽寿平《双清图页》

19　华佗诊病
huà tuó zhěn bìng

[晋] 陈 寿
jìn chén shòu

　　古典历史小说《三国演义》为我们塑造了不朽的人物形象,智勇双全的孙权、足智多谋的诸葛亮、义薄云天的关羽……其魅力来自"七分史实,三分虚构"的创作手法。相比之下,《三国志》就要平实简洁得多。但在惜墨如金的叙述风格下,陈寿仍然为我们记述了"神医"华佗的神奇医术,下面是其中的一个小故事。

　　府吏倪寻、李延 共 止,俱①头痛 身热,所苦②正 同。佗曰:"寻当 下之,延 当 发汗。"或③难④其异⑤,佗曰:"寻外实,延内实,故治之宜殊。"即各与药,明旦⑥并起。

——《三国志·魏书·方技传》

注 释

①俱:都。

②苦:痛苦。

③或:有人。

④难:对……提出疑问。

⑤异:不同。

⑥明旦:第二天早上。

译 文

　　府中官吏倪寻、李延同时来就诊,都头痛发烧,症状相同。华佗说:"倪寻应该把病邪泻下来,李延应当发汗驱病。"有人对这两种疗法提出疑问。华佗回答说:"倪寻是外实症,李延是内实症,所以治疗他们也应当用不同的方法。"于是分别给两人服药,第二天一早两人一同病愈起床了。

拓展

　　华佗（约145—208），一名旉，字元化，沛国谯县（今安徽省亳州市）人，东汉末年著名的医学家。一生行医，声誉颇著，在医学上有诸多成就。他精通内、外、妇、儿、针灸各科。华佗首创用"麻沸散"全身麻醉的方法施行外科手术，被后世尊为"外科鼻祖"。还为人们编排了一套模仿猿、鹿、熊、虎、鸟等五种禽兽姿态的健身操——"五禽戏"。

清·石涛《赠刘石头册》

20 东床坦腹
dōng chuáng tǎn fù

他闲散在野时，关注国事，心系朝堂；他为官一方时，体察民情，为民请命，力争在立德、立功、立言上有所作为。然而，他最大的成就却是在书法上，其书法作品有着"贵越群品，古今莫二"的赞誉，史称"书圣"，他就是著名书法家——王羲之。

王羲之字逸少，是司徒王导的侄子。王羲之小时候不善言谈，人们看不出有什么奇特之处。长大后，他善于辩论，以性情刚直著称。他特别擅长隶书，被称为古今第一人。人们称赞他的书法笔势像浮云一样轻盈，像惊龙一样强劲。他的伯父王敦、王导都很看重他。陈留人阮裕在当时享有盛誉，而阮裕也看重王羲之，把他和王承、王悦视为王家三位少年英才。有一次，太尉郗鉴派门生来见王导，想在王家子弟中挑选女婿。王导让来人到东边厢房里去看王家子弟。门生回去后，告诉郗鉴："王家子弟个个不错，可是一听到有信使来，都显得拘谨。只有一个人坐在东床上，袒露着肚子吃东西，好像不知道一样。"郗鉴说："这正是我想要的佳婿啊！"一打听，原来是王羲之。于是郗鉴就把女儿嫁给了他。

原文

王羲之字逸少，司徒导之从子①也。……羲之幼讷②于言，人未之奇。……及长，辩赡③，以骨鲠④称。尤善隶书，为古今之冠，论者称其笔势，以为飘若浮云，矫若惊龙⑤。深为从伯敦、导所器重。时陈留阮裕⑥有重名……裕亦目羲之与王承、王悦为王氏三少。时太尉郗鉴使门生求女婿于导，导令就东厢遍观子弟。门生归，谓鉴曰："王氏诸少并佳，然闻信至，咸自矜持。唯一人在东床坦腹食，独若不闻。"鉴曰："正此佳婿邪！"访之，乃羲之也，遂以女妻之。

——《晋书·王羲之传》

注释

① 从子：侄儿。

② 讷：说话迟钝。

③ 辩赡（shàn）：说话条理清楚，理由充足。

④ 骨鲠：性情刚直。

⑤ 矫若惊龙：形容笔势、舞姿等的伸缩、腾转，恰如乍现之龙般耀眼夺目。

⑥ 阮裕：生卒平不详，字思旷，河南陈留（今河南开封）人，东晋哲学家，阮籍的族弟。

拓展

《晋书》，二十四史之一，由唐代房玄龄等人合撰。该书记载的事件起于东汉末年司马懿早年，下至晋恭帝元熙二年（420）刘裕废晋帝自立，以宋代晋。同时，还以"载记"形式，记述了十六国政权的状况。

明·蓝瑛《山水十开》

21　孝绪求参

xiào xù　qiú shēn

　　史书中常为有孝行的人专门立传，有的题为"孝义传"，有的题为"孝行传"，有的甚至题为"孝感传"，旨在通过一些具有神秘色彩的感通现象来表彰孝道。这当然存在一定的历史局限性，但史家对孝道的提倡仍值得称道，下面的"孝绪求参"则不失为一个生动感人的孝行故事。

　　阮孝绪在钟山听人讲经，他的母亲王氏忽然得病，阮孝绪的兄弟想要把他叫回来。阮孝绪的母亲说："孝绪天性暗通神明，他一定能自己赶回来。"阮孝绪果然心中惊悸，赶回了家中，邻人都为这件事而惊叹。阮孝绪母亲调配药物必须使用新鲜人参，传说钟山出产人参，阮孝绪就亲自进深山幽谷寻找，找了很多天都没有找到。他忽然间看见一只鹿在往前走，他像有感应似的紧跟着鹿，走到一处，鹿突然消失。阮孝绪赶上前来，果然找到他所要的人参草。他母亲用人参调药服用，病就治愈了。当时人们都为此感叹，认为这是阮孝绪孝心感动神明所致。

原文

　　（阮孝绪）后于钟山听讲，母王氏忽有疾，兄弟欲召之。母曰："孝绪①至性冥通②，必当自到。"果心惊而返，邻里嗟异之。合药③须得生人参，旧传钟山所出，孝绪躬④历幽险，累日不值。忽见一鹿前行，孝绪感而随后，至一所遂灭，就视，果获此草。母得服之，遂愈。时皆叹其孝感所致。

——《梁书·阮孝绪传》

注释

　　① 孝绪：阮孝绪（479—536），字士宗，陈留尉氏（今属河南省）人，南朝齐梁时期处士、目录学家。

　　② 冥通：感通神明。

　　③ 合药：调配药物。

　　④ 躬：亲自。

拓展

《梁书》，二十四史之一，唐初姚察、姚思廉编撰，包含本纪 6 卷、列传 50 卷。主要记述了南朝萧齐末年的政治和萧梁（502—557）50 余年的史事。其中有 26 卷的后论署为"陈吏部尚书姚察曰"，说明这些卷出于姚察之手。该书特点之一为引用文以外的部分不以当时流行的骈体文，而以散文书写。

明·文徵明《山水扇页》

22 封轨修洁
fēng guǐ xiū jié

[北朝] 魏 收
běi cháo wèi shōu

学者当以进德修业为重,孔子说:"衣敝缊袍,与衣狐貉者立,而不耻者,其由也与?"这是称赞子路注重内在修养,而把外在的物质条件看得很轻。孔子也强调君子要"正其衣冠,尊其瞻视",意思是君子要注重自己的外在形象,这既是对他人也是对自己的一种尊重。封轨的故事也告诉了我们这一点。

(封轨)善自修洁①,仪容甚伟。或曰②:"学士不事修饰,此贤何独如此?"轨闻,笑曰:"君子整其衣冠,尊其瞻视③,何必蓬头垢面④,然后为贤?"言者惭退。

——《魏书·封轨传》
wèi shū fēng guǐ zhuàn

注释

① 修洁:使……整洁。

② 或曰:有人说。

③ 君子整其衣冠,尊其瞻视:语出《论语·尧曰》:"君子正其衣冠,尊其瞻视。"意思是君子要衣冠整齐,神情庄重。

④ 蓬头垢面:头发很乱、脸上很脏的样子。一般形容生活贫苦条件很差的样子。蓬,指蓬草,这里是形容像蓬草一样散乱。垢,污秽。

译文

封轨十分注重穿戴整洁,仪态容貌非常伟岸。有人说:"学士从来都不注重修饰,这位贤者为何独独这样呢?"封轨听说了,笑着说:"君子应当整饰自己的衣冠,尊重自己的形象,何必非要蓬头垢面,然后才称为贤者呢?"说那番话的人听了之后觉得很惭愧。

拓展

　　《魏书》，二十四史之一，北齐魏收撰，是中国古代历代"正史"中第一部专记少数民族政权史事的著作，记载了公元 4 世纪末至 6 世纪中叶北魏王朝的历史。全书共 124 卷，其中本纪 12 卷，列传 92 卷，志 20 卷。《魏书》新增《官氏志》《释老志》。《官氏志》为研究拓跋部落的发展壮大提供了完备的资料，是反映北魏统治封建化的重要文献。《释老志》则为第一篇专门记录宗教的正史文献。

明·盛茂烨《山水册页》

wáng pí jié jiǎn

23　王罴节俭

　　"谁知盘中餐,粒粒皆辛苦",对于不珍惜粮食的人,王罴是怎样对待的呢?《朱子家训》有言:一粥一饭,当思来之不易;半丝半缕,恒念物力维艰。勤俭节约是中华民族的优良传统。可以说,修身、齐家、治国、平天下都离不开勤俭节约。

　　王罴节俭直率,不修边幅。曾有朝廷使者来,王罴为他设宴招待。使者却掰去薄饼的边缘,只吃饼的中间部分。王罴发现后,说:"粮食的耕种和收获,已经花费了很大的功夫;其后的舂米和做饭,又花了不少的气力。你这样掰饼挑拣,应该是不饿。"于是下令让左右侍从把饭撤去。使者大吃一惊,感到非常惭愧。又有一次,客人和王罴一起吃瓜,客人削瓜皮时削得很厚,王罴心里很不满意。等到瓜皮掉在地上,王罴就把手伸到地上,伸手捡起来吃掉。客人脸上露出惭愧的神情。

原文

　　罴①性俭率,不事边幅。尝有台使,罴为其设食。使乃裂其薄饼缘。罴曰:"耕种收获,其功已深;舂爨②造成,用力不少。乃尔选择,当是未饥。"命左右撤去之。使者愕然大惭。又有客与罴食瓜,侵肤稍厚,罴意嫌之。及瓜皮落地,乃引手就地,取而食之。客甚有愧色。

——《周书·王罴传》

注释

　　① 罴:王罴(? —541),字熊罴,北魏至西魏时期名将。
　　② 舂(chōng)爨(cuàn):舂米与做饭。

拓展

　　《周书》,二十四史之一,为记载北周(557—581)历史的纪传体史书,由唐朝的令狐德棻主编。全书共 50 卷,其中本纪 8 卷、列传 42 卷。

24 萧韩家奴
xiāo hán jiā nú

［元］脱脱 等
yuán tuō tuō děng

关于治国，老子说"治大国若烹小鲜"，意思是治理大国就好像烹制一条小鱼一样；孟子说"天下可运于掌"，意思是如果推行仁爱之心，治理天下就如同运行于掌心一样。千年之后，辽国有一位学者萧韩家奴，将治理国家比作"炒栗子"来劝诫皇帝，由于他本人曾经掌管过栗园，所以这番话举重若轻，说得既幽默又得体。

帝①与语，才之②，命为诗友。尝从容问曰："卿③居外有异闻乎？"韩家奴对曰："臣惟知炒栗：小者熟，则大者必生；大者熟，则小者必焦。使大小均熟，始为尽美。不知其他。"

——《辽史·萧韩家奴传》

注 释

① 帝：这里指辽兴宗耶律宗真。
② 才之：认为他（萧韩家奴）有才华。
③ 卿：古代君王称亲近的大臣为卿。

译 文

皇帝跟他交谈，觉得萧韩家奴有才华，让他做个诗友。皇帝曾经随口问他："你在京外做官有特别的见闻吗？"韩家奴回答说："臣只知炒栗子：小的熟了，那么大的一定是生的；大的熟了，那么小的一定焦了。要让大栗小栗都熟，这才是尽善尽美。别的事我就不知道了。"

拓 展

《辽史》，二十四史之一，元代脱脱等所撰，共116卷，记载了自辽太祖耶律阿保机至辽天祚帝耶律延禧的辽朝（907—1125）历史，兼及耶律大石所建立之西辽（1124—1218），近210年的历史。近人说《辽史》"在历代正史中最为下乘"，其缺点主要表现在太过于简略。

明·盛茂烨《山水图》

25 戚家军

qī jiā jūn

明朝抗倭名将戚继光,抗击倭寇十余年,扫平为祸多年的倭患,确保了沿海人民的生命财产安全。他麾下的"戚家军"闻名天下。

(戚)继光刚到浙江时,见卫所的军队不习惯战斗,而金华、义乌一带一直民风剽悍,于是请求在当地招募三千名士兵,教他们攻击、刺杀的方法,长短兵器轮番使用,从此戚继光这支部队特别精锐。他又因为南方沼泽湖泊很多,不利于骑马追逐,便按照地形制成阵法,考虑步行作战的方便,所有战舰、火药武器、兵械都精心研制然后加以更换。于是"戚家军"闻名天下。

原文

戚继光至浙时,见卫所①军不习战,而金华、义乌俗称剽悍②,请召募三千人,教以击刺法,长短兵迭用,由是继光一军特精。又以南方多薮泽,不利驰逐,乃因地形制阵法,审步伐便利,一切战舰火器、兵械精求而更③置之。"戚家军"名闻天下。

——《明史·戚继光传》

注释

① 卫所:明代在各地设置驻军,称卫所。
② 剽悍:轻快而敏捷。
③ 更:更换。

拓展

戚家军,又称义乌兵、浙军,明朝嘉靖三十八年(1559)成军于浙江义乌,总兵力4000人,主力是义乌的农民和矿工。

明嘉靖年间(1522—1567),倭患肆虐,参将戚继光奉命抗倭,为提高部队素质,先后几次到义乌招募数批农民入伍,组建一支新军。这支军队经过严格训练,成为战斗力很强的精锐部队,开赴抗倭前线。由于这支队伍勇猛善战,屡立战功,在平倭斗争中起到了决定性作用,建立了伟大的功绩,被誉为"戚家军"。

26 孙权劝学

sūn quán quàn xué

　　生活中的每一个人都要虚心接受他人的建议，敢于面对自身不足，努力完善自己。

　　起初，吴王孙权对大将吕蒙说道："你现在身当要职掌握重权，不可不进一步去学习！"吕蒙以军营中事务繁多为理由加以推辞。孙权说："我难道是想要你钻研经史典籍而去当博士吗？只是应当广泛地学习知识而不必去深钻精通。你说有很多军务要处理，怎么能比得上我事务多。我常常读书，自己感到获得了很大的收益。"吕蒙于是开始学习。等到东吴名将鲁肃路过寻阳，与吕蒙研讨论说天下大事，鲁肃听到吕蒙的见解后非常惊奇地说："你如今的才干谋略，已不再是过去的东吴吕蒙可相比的了！"吕蒙说："对于有志之士，分别了三日后，就应当擦亮眼睛重新看待他的才能，先生为什么看到事物的变化这么晚呢？"鲁肃于是拜见吕蒙的母亲，与吕蒙结为朋友才离去。

原文

　　初①，权②谓吕蒙③曰："卿④今当涂⑤掌事⑥，不可不学！"蒙辞⑦以军中多务⑧。权曰："孤岂欲卿治经⑨为博士⑩邪！但当涉猎，见往事耳。卿言多务，孰若孤⑪？孤常读书，自以为大有所益⑫。"蒙乃始就学。及⑬鲁肃过⑭寻阳，与蒙论议，大惊曰："卿今者才略，非复吴下阿蒙！"蒙曰："士别三日，即更⑮刮⑯目相待，大兄何见事之晚乎！"肃遂拜蒙母，结友而别。

——《资治通鉴》卷六六

注 释

① 初：当初。

② 权：孙权（182—252），三国时吴国的建立者。

③ 吕蒙（178—220）：三国时吴国名将。

④ 卿：古代君对臣、尊长对晚辈的爱称。

⑤ 当涂：同"当途"，当道，当权，指掌权。

⑥ 掌事：管事。

⑦ 辞：推辞。

⑧ 多务：事务多，杂事多。

⑨ 治经：研究儒家经典。

⑩ 博士：官职名称。

⑪ 孰若孤：谁比得上我。

⑫ 益：好处。

⑬ 及：等到。

⑭ 过：经过。

⑮ 更：调换，改变，指改变看法。

⑯ 刮：擦。

拓 展

　　《资治通鉴》是北宋史学家司马光主编的一部编年体史书，上承《春秋》，记述了从周威烈王二十三年（前403）起，到五代后周世宗显德六年（959），共16个朝代1362年的史事。在这部书里，编者总结经验教训，供统治者借鉴，宋神宗认为此书"鉴于往事，有资于治道"，所以定名为《资治通鉴》。全书共294卷，300多万字，另有《考异》《目录》各30卷。宋末元初胡三省对其进行了注疏、考订。

27　中山君飨都士

对一人无礼而致国家覆灭,对一人施恩而得到两位忠勇之士。中山君的故事带给我们什么启示?

中山国君宴请国都里的读书人,大夫司马子期也在其中。因为没有分给自己羊肉汤,司马子期一生气便跑到楚国去了,并劝说楚王攻打中山。楚国攻打中山时,中山君逃亡,有两个人提着武器跟在他身后。中山君回头对这两个人说:"你们是干什么的?"两人回答说:"我们的父亲有一次饿得快要死了,您赏给一壶熟食给他吃。他临死时说:'中山君有了危难,你们一定要为他服务,至死不渝。'因此特来为您效力。"中山君仰天长叹,说:"施与不在多少,在于正当人家困难的时候;仇怨不在深浅,在于是否伤了人家的心。我因为一杯羊汤亡国,因为一壶熟食得到了两个勇士。"

原文

中山君飨①都士②,大夫司马子期在焉。羊羹不遍,司马子期怒而走于楚,说楚王伐中山。中山君亡③,有二人挈④戈而随其后者,中山君顾谓二人:"子奚为者也?"二人对曰:"臣有父,尝饿且死,君下壶餐饵⑤之。臣父且死,曰:'中山有事,汝必死之。'故来死君也。"中山君喟然而仰叹曰:"与不期众少,其于当厄⑥;怨不期深浅,其于伤心。吾以一杯羊羹亡国,以一壶餐得士二人。"

——《战国策·中山策》

注释

① 飨:宴请。
② 都士:国都中的读书人。
③ 亡:逃亡。
④ 挈:拿着。
⑤ 饵:吃。
⑥ 厄:灾难,厄运。

　　《战国策》又称《国策》，编者是汉代刘向。该书是我国古代记载战国时期政治斗争的一部非常完整的著作，是当时纵横家即策士游说之辞的汇编。全书按东周、西周、秦国、齐国、楚国、赵国、魏国、韩国、燕国、宋国、卫国、中山国依次编写，分为12策33卷，共497篇，约12万字。全书记载了上起公元前490年智伯灭范氏，下至公元前221年高渐离以筑击秦王政的历史。

　　《战国策》是一部优秀散文集，它文笔恣肆，语言流畅，论事透辟，写人传神，富于雄辩与运筹的机智，还善于运用寓言故事和新奇的比喻来说明抽象的道理。其中耳熟能详的寓言有画蛇添足、亡羊补牢、狡兔三窟、狐假虎威、南辕北辙等。这部书在我国古典文学史上亦占有重要地位，是先秦历史散文成就最高、影响最大的著作之一。

清·石涛《赠刘石头册》

28 文侯与虞人期猎

wén hóu yǔ yú rén qī liè

　　魏文侯信守约定，冒雨期猎，体现了他的诚信。君王的诚信对一个国家是至关重要的，魏国能成为当时的强国，与魏文侯的诚信是分不开的。

　　魏文侯同虞人约定去打猎。这一天，魏文侯和百官们喝酒喝得很开心，下起了雨。文侯正要起身出去赴约，侍者说："今天喝酒这么开心，又下雨了，您要去哪里？"魏文侯说："我跟虞人约好了去打猎，虽然在这里很开心，但怎么能不去赴约呢？"于是他到了约定的地方，亲自取消了狩猎活动。魏国因文候信守承诺从此变得强大起来。

原文

　　文侯①与虞人②期猎③。是日饮酒乐，天雨。文侯将出，左右曰："今日饮酒乐，天又雨，公将焉④之？"文侯曰："吾与虞人期猎，虽乐，岂可不一会期哉！"乃往，身自罢⑤之⑥。魏于是乎始强⑦。

——《战国策·魏策》

注 释

① 文侯：魏文侯（？—前396），战国时期魏国国君，在诸侯中有美誉。
② 虞人：管理山泽的官。
③ 期猎：约定打猎时间。
④ 焉：哪里。
⑤ 罢：停止，取消。
⑥ 之：到，往。
⑦ 强：强大。

拓 展

　　刘向（约前77—前6），又名更生，字子政，沛县（今属江苏省）人，西汉经学家、目录学家、文学家。汉成帝即位后，曾任光禄大夫，改名为"向"。曾奉命领校秘书，所撰《别录》，为中国最早的图书目录。今存《新序》《说苑》《列女传》等书，原有集，已佚。生平事迹见《汉书》卷三十六。

清·王时敏《山水十开》

29 邹孟轲母
zōu mèng kē mǔ

孟母在中国历史上备受尊崇,后人把她与岳飞的母亲、三国时期徐庶的母亲,列为母亲的典范,号称中国"贤良三母"。孟母位居其首,以教子有方著称,留下了"孟母三迁""断机教子"等教子佳话。

邹国人孟轲的母亲,人称孟母,她的家靠近墓地。孟子小时候,游戏玩耍的都是下葬哭丧一类的活动,热衷于造墓埋坟。孟母说道:"这里不该是我带着孩子住的地方啊!"于是离开了这里,迁住在了集市的旁边。孟子又学起了商人叫卖那一类的事。孟母又说:"这也不是我带着孩子住的地方啊!"再次把家迁到了一个公学学校的旁边,孟子所学玩的,才是有关礼仪的事情了。孟母说道:"这里才是我可以带着儿子居住的地方啊!"于是,就把家安在了这里。等孟子长大成人,学习《易》《书》《诗》《礼》《乐》《春秋》等六艺的学问,最终成就了儒家大师。后来的君子贤人都说孟母善于利用环境熏陶教育孩子。《诗经》上说:"那美丽的女子啊,我拿什么来称颂你呢!"说的就是这件事啊!

孟子小的时候,有一次放学回家,他的母亲正在织布,见他回来,便问道:"学习怎么样了?"孟子漫不经心地回答:"跟过去一样。"孟母就用剪刀把织好的布剪断,孟子见状害怕极了,就问母亲:"为什么要发这样大的火?"孟母说:"你荒废学业,如同我剪断这布一样。有德行的人学习是为了树立名声,增长知识。所以平时能平安无事,做起事来就可以避开祸害。如果现在荒废学业,就不能免于做下贱的劳役,而且难以避免祸患。这和依靠织布吃饭有什么区别呢?假如织妇中途废弃而不做,怎么能使她的丈夫和儿子有衣穿、有饭吃呢?女子若失去她赖以生存的技术,男子若对修养德行懈怠,那么不是去做小偷,就是被奴役。"孟子听后吓了一跳,从此,从早到晚勤奋学习不休息,拜子思为老师,终于成了天下有名的大儒。

后人赞颂:孟子的母亲,明确分辨教育环境,选择合适的居处,使孟子学习大道。孟子学业无进展,孟母便以剪断布匹的方式教育他,孟子得以成就事业，成为当世的大儒。

原文

邹孟轲之母也，号孟母。其舍近墓。孟子之少也，嬉游为墓间之事，踊跃筑埋。孟母曰："此非吾所以居处子也。"乃去舍市傍。其嬉戏为贾人①炫卖②之事。孟母又曰："此非吾所以居处子也。"复徙舍学宫之旁。其嬉游乃设俎豆③揖让进退。孟母曰："真可以居吾子矣。"遂居之。及孟子长，学六艺④，卒⑤成大儒之名。君子谓孟母善以渐化⑥。诗云："彼姝者子，何以予之？"此之谓也。

孟子之少也，既学而归，孟母方绩⑦，问曰："学所至矣？"孟子曰："自若也。"孟母以刀断其织。孟子惧而问其故，孟母曰："子之废学，若吾断斯织也。夫君子学以立名，问则广知，是以居则安宁，动则远害。今而废之，是不免于厮役⑧，而无以离于祸患也。何以异于织绩而食，中道废而不为，宁能衣其夫子，而长不乏粮食哉！女则废其所食，男则堕于修德，不为窃盗，则为虏役矣。"孟子惧，旦夕勤学不息，师事⑨子思，遂成天下之名儒。

颂曰：孟子之母，教化列分，处子择艺，使从大伦，子学不进，断机示焉，子遂成德，为当世冠。

——《列女传·母仪传》

注释

① 贾人：商人。
② 炫卖：叫卖。
③ 俎豆：古代祭祀用的礼器。
④ 六艺：指六经。
⑤ 卒：终于，最终。
⑥ 渐化：逐渐濡染。
⑦ 方绩：正在纺线。
⑧ 厮役：旧时干杂役的奴隶。
⑨ 师事：拜某人为师。

拓展

《列女传》是一部介绍中国古代妇女事迹的传记性史书，作者是西汉的儒家学者刘向。《列女传》对后世影响很大，有一些故事流传至今。后来，中国的史书多有专门的篇章记叙各朝妇女事迹，随着妇女观的变化，各朝侧重记叙表彰的妇女德行也有所不同。

宋·佚名《渔乐图页》

文化记忆二·传统节日

一、春节

春节又称为新年、大年。每年农历正月初一开始为新年，一般至少要到正月十五（上元节）新年才结束，是中华民族隆重的传统佳节。在春节期间，要举行祭奠祖先、除旧布新、迎禧接福、祈求丰年等丰富多彩的活动。

二、元宵节

元宵节又名元夕、上元节，时间为每年农历正月十五。正月是农历的元月，古人称"夜"为"宵"，正月十五是一年中第一个月圆之夜，所以称正月十五为"元宵节"。元宵节主要有赏花灯、吃汤圆、猜灯谜、放烟花等一系列传统民俗活动。2008年6月，元宵节入选第二批国家级非物质文化遗产。

三、清明节

清明节又称踏青节、祭祖节等，节期在仲春与暮春之交。清明节源自上古时代的祖先信仰与春祭礼俗，是中华民族最隆重盛大的祭祖大节。清明节兼具自然与人文两大内涵，既是自然节气，也是传统节日。扫墓祭祖与踏青郊游是清明节的两大礼俗主题，这两大传统礼俗主题在中国自古传承，至今不辍，不仅有利于弘扬孝道亲情、唤醒家族共同记忆，还可促进家族成员乃至民族的凝聚力和认同感。

明·袁尚统《岁朝图轴》

四、端午节

端午节又称端阳节，是集拜神祭祖、祈福辟邪、欢庆娱乐为一体的民俗大节。端午节是流行于中国以及汉字文化圈诸国的传统文化节日。传说战国时期的楚国诗人屈原在五月初五跳汨罗江自尽，后人亦将端午节作为纪念屈原的节日。端午节蕴含着深邃丰厚的文化内涵，在传承发展中杂糅了多种民俗为一体，各地因地域文化不同而又存在着习俗内容或细节上的差异。

五、中秋节

中秋节，又称团圆节，以月之圆象征人之团圆，是寄托思乡、祈盼幸福的传统佳节。中秋节自古便有祭月、赏月、吃月饼、看花灯、赏桂花、饮桂花酒等民俗，流传至今，经久不息。

六、重阳节

重阳节，农历九月初九，二九相重，称为"重九"，民间在该日有登高的风俗，所以重阳节又称"登高节"。由于九月初九"九九"谐音是"久久"，有长久之意，所以常在此日推行敬老活动。2012年12月28日，全国人大常委会表决通过的《老年人权益保障法》明确每年农历九月初九为老年节。

明《婴戏图轴》局部（故宫博物院藏）
图中呈现了古代两小儿燃放爆竹的情景，具有宫廷绘画的典雅风格。

子部

"子"字像幼儿的形象。在古代天干地支纪年中，"子"属于十二地支之一，代表十一月，这时阳气生发，万物由此滋生，"滋"与"子"读音接近，因此假借"子"称呼幼儿。周朝时，"子"成为一种爵位，而孔子为鲁司寇时被弟子们称为"夫子"，从此"子"成为师长的尊称。后来，古代学者编纂书籍目录时，将在"经部"典籍之外别创学说的都称为"子书"，"子部"就是主要收录诸子著作的部类。

30 《法言》一则

fǎ yán yì zé

hàn yáng xióng
[汉]扬 雄

学习生活中，人们往往强调博览多观的重要性，但多见闻也要抓住关键，多读书也要吸取精华。

duō wén zé shǒu zhī yǐ yuē　　duō jiàn zé shǒu zhī yǐ zhuó　　guǎ wén zé wú yuē yě　guǎ jiàn zé
多闻则守之以约①，多见则守之以卓②。寡闻则无约也，寡见则

wú zhuó yě
无卓也。

wú zǐ
——《吾子》

注 释

① 约：简要，简明。引申为根本。
② 卓：高超，高明。引申为精华。

译 文

学习要多听，然后抓住其中的关键；要多看，然后抓住其中的精华。听得少就不可能抓住关键，看得少就不可能抓住精华。

拓 展

扬雄（前53—18），字子云，西汉蜀郡成都（今属四川省）人。少时好学，博览群书，擅长辞赋。扬雄是继司马相如之后西汉最著名的辞赋家。《法言》为扬雄模仿《论语》而作，主张文学应当以儒家著作为典范，这对刘勰的《文心雕龙》影响很大。

元·赵原《陆羽烹茶图》

31 《法言》一则
fǎ yán   yì zé

[汉] 扬 雄
hàn yáng   xióng

何为修身？就是陶冶身心，涵养德性，修持身性，突出的是德。何为矫思？就是矫正思维，动脑学习，格物致知，突出的是学。何为立义？就是公平正义，心之所义，事之所宜，突出的是价值取向。这些就是一个有理想、有抱负、有文化的人必备的基础内涵，是走向社会，融入社会，贡献于社会的基本要素。

修身以为弓，矫思以为矢，立义以为的，奠①而后发②，发必中矣。

——《修身》

注释

① 奠：定，瞄准。
② 发：发射。

译文

把修养身心当作弓，把矫正思想当作箭，把树立正义当作靶子，瞄准以后再发射，那么只要发射一定会射中。

拓展

汉·班固《汉书·艺文志》："儒家者流，盖出于司徒之官，助人君顺阴阳、明教化者也。游文于六经之中，留意于仁义之际，祖叙尧、舜，宪章文、武，宗师仲尼，以重其言，于道为最高。"

明·文徵明《浒溪草堂》

32 《论衡》二则

lùn héng èr zé

[汉] 王 充
hàn wáng chōng

孟子早早就提出"民为贵"，王充更是以"屋漏"为喻，讲述政策好不好，为政者得不得民心等，取决于政策的实际效果，取决于民众的评价，体现了我国古代民本思想的传统。

wū lòu zài shàng zhī zhě zài xià
屋漏①在上，知者②在下。

dá nìng piān
——《答佞篇》

shì mò míng yú yǒu xiào lùn mò dìng yú yǒu zhèng
事莫明于有效③，论莫定于有证④。

bó zàng piān
——《薄葬篇》

注释

① 漏：物体有孔或缝，东西能滴下、透出或掉出。
② 知者：察觉屋漏的人。
③ 效：效果。
④ 证：证据。

译文

屋顶漏水，住在屋下的人最容易察觉到。
事情没有比有效验更明确的了，言论没有比有证据更确实的了。

拓展

王充（27—约97），字仲任，会稽上虞（今属浙江省绍兴市）人，东汉思想家、文学批评家。王充自小聪慧好学，博览群书，擅长辩论。后来离乡到京师洛阳就读于太学，师从班彪。常游洛阳市肆读书，勤学强记，过目成诵，博览百家。为人不贪富贵，不慕高官。王充是汉代道家思想的重要传承者与发展者。其思想虽属于道家，却与先秦的老庄思想有严格的区别，虽是汉代道家思想的主张者，却与汉初王朝所标榜的"黄老之学"以及西汉末叶民间流行的道教均不同。王充的代表作品有《论衡》。

清·王翚《山水画合辑》

33 《世说新语》二则

[南朝] 刘义庆

中国书法和绘画具有几千年的悠久历史,是中国古代文化的重要组成部分。在漫长的历史长河中,艺术名家灿若星辰,艺术瑰宝琳琅满目。在魏晋时期,最明亮的书画双子星,非王羲之和顾恺之莫属。

时人目①王右军②:"飘如游云,矫若惊龙。"

——《容止》

顾长康③道:"画'手挥五弦'易,'目送归鸿'难。"

——《巧艺》

注释

① 目:评论。

② 王右军:王羲之。王羲之凭借门荫入仕,历任秘书郎、江州刺史、会稽太守,累迁右军将军,人称"王右军"。

③ 顾长康:指顾恺之(348—409),东晋杰出画家、绘画理论家、诗人。

译文

当时的人评论右军将军王羲之说:"像浮云一样飘逸,像惊龙一样矫捷。"

顾恺之谈论作画时说:"要画出一个人手挥五弦的动作很容易,但要画出一个人目送归鸿的神态就很难。"

拓展

王羲之(约321—379),字逸少,琅琊临沂人。王羲之对楷、草、行诸体书法造诣很深。他的楷书势形巧密,开辟了一种新的境界。

34 《荀子》一则
xún zǐ　　yì zé

荀子主张以礼治国。"礼"从政治上讲，指国家制订的政治法律制度。从伦理上讲，指国家提倡的伦理道德规范和人们的日常行为准则。

gù rén wú lǐ zé bù shēng shì wú lǐ zé bù chéng guó jiā wú lǐ zé bù níng
故人无礼则不生，事无礼则不成，国家无礼则不宁。

——《修身》
xiū shēn

译文

所以人不守礼就没法生存，做事没有礼就不能成功，国家没有礼则不安宁。

拓展

荀子的政治思想的核心是礼治思想。荀子十分强调礼在社会生活各个方面的作用，大力宣传和推行他的礼治思想。他提倡要以礼修身，以礼齐家，以礼治国平天下。荀子认为，"礼"作为国家的政治制度和统治原则，对于治理国家具有总纲、大法的意义，是维系国家命脉之所在。

清·石涛《设色山水册》

35 《近思录》一则
jìn sī lù yì zé

[宋] 朱 熹 吕祖谦
sòng zhū xī lǔ zǔ qiān

　　人多思虑，不能自宁。世事喧嚣纷杂，多数人无暇驻足观赏人生道路的美景，更无法静心感受岁月的沉淀。当我们摒除内心杂乱静静观赏世间万物时，就会发现原来不起眼的地方也充满着勃勃生机。

jìng hòu jiàn wàn wù zì rán jiē yǒu chūn yì
静后见万物自然，皆^①有春意。

注 释

① 皆：都。

译 文

内心安静就能发现万物自然，都充满生机。

拓 展

　　朱熹（1130—1200），字元晦，又字仲晦，号晦庵，晚称晦翁，南宋时期理学家、思想家。朱熹 19 岁考中进士，历任知南康军、漳州知府、浙东巡抚等职。宋宁宗庆元六年（1200）逝世，享年 71 岁。后被追封为太师、徽国公，赐谥号"文"，故世称朱文公。

　　朱熹与"二程"（程颢、程颐）合称"程朱学派"。朱熹是理学集大成者，后世尊称为朱子，著有《四书章句集注》《太极图说解》等。后人辑有《朱子大全》《朱子集语象》等。其中，《四书章句集注》成为古代钦定的教科书和科举考试的标准。

　　吕祖谦（1137—1181），字伯恭，号东莱，婺州（今浙江金华）人，世称小东莱先生。南宋理学家、文学家，和朱熹、张栻并称"东南三贤"。博学多识，主张明理躬行，学以致用，开"浙东学派"之先声，推动了南宋学术的发展和繁荣。著有《东莱集》《历代制度详说》《东莱博议》等，并与朱熹合著《近思录》。

36 《近思录》一则

jìn sī lù yì zé

[宋] 朱熹 吕祖谦
sòng zhū xī lǔ zǔ qiān

《韩非子》道："巧诈不如拙诚。"真诚，让刘备叩开了诸葛亮茅庐的大门，成就了蜀汉基业；真诚，让廉颇负荆于蔺相如门前请罪，将相守卫了赵国安宁。正所谓，精诚所至，金石为开。待人处事唯有诚心诚意，始终如一，才能得到我们想要的结果。

bù néng dòng rén zhǐ shì chéng bú zhì yú shì yàn juàn jiē shì wú chéng chù
不能 动人，只是 诚①不至②；于事厌倦，皆是无 诚 处。

注释

① 诚：诚心。

② 不至：不够。

译文

不能感动他人，只是因为诚心不够；做事感到厌烦，都是因为没有诚心。

拓展

《近思录》是根据朱熹、吕祖谦二人的理学思想编排的一部著作。宋孝宗淳熙二年（1175），吕祖谦从浙江到福建与朱熹会晤，两人在寒泉精舍一起研读周敦颐、张载、程颢、程颐等著作，感其"广大闳博，若无津涯"，初学者不易把握其要义，于是精选622条，辑成《近思录》。"近思"二字取自《论语·子张》："博学而笃志，切问而近思，仁在其中矣。"朱熹取此书名的用意在于，把《近思录》当作学习四子著作的阶梯，四子著作又为学习《六经》的阶梯。《近思录》囊括了北宋四子及朱吕一派学术的主体，在理学史上具有重要地位，为确立儒家道统，传播理学思想起过重要作用。

清·恽寿平《折枝图页》

37 东坡志林·临皋闲题（节选）

dōng pō zhì lín   lín gāo xián tí   jié xuǎn

[宋] 苏 轼

sòng sū shì

闲，便是在世俗忙碌中存有一份安恬平和的心境。古人以这种心境观赏体悟自然风物，便领略到山水胜游之乐、万物静观之理。

lín gāo tíng xià bā shí shù bù biàn   shì dà jiāng qí bàn shì é méi xuě shuǐ wú yǐn shí mù

临皋亭下八十数步，便①是大江，其半是峨眉雪水，吾饮食沐

yù jiē qǔ yān hé bì guī xiāng zāi   jiāng shān fēng yuè běn wú cháng zhǔ xián zhě biàn shì zhǔ rén

浴皆取焉，何必归乡哉！江山风月，本无常主，闲者便是主人。

注 释

① 便：就。

译 文

临皋亭下不远处就是长江，长江水有很大一部分是峨眉山上的雪水，我平时吃喝洗涮都是从江里打水，何必要去人多的地方住呢！江山风月，本来是没有主人的，优游享用者便可以说是主人。

拓 展

江山风月，本无常主，闲适优游便为主人。此中深意与《前赤壁赋》"惟江上之清风，与山间之明月，耳得之而为声，目遇之而成色，取之无禁，用之不竭，是造物者之无尽藏也，而吾与子之所共适"有异曲同工之妙。

38 兵家言二则
bīng jiā yán èr zé

兵家文化是中国古代传统文化的重要组成部分，其中以《孙子兵法》最广为人知，内容博大精深，在世界军事史上具有重要地位。

rén zhī suǒ zài tiān xià guī zhī
仁之所在，天下归①之。

——《六韬·文韬·文师》
liù tāo wén tāo wén shī

zhī bǐ zhī jǐ zhě bǎi zhàn bú dài
知彼知己者，百战不殆②。

——《孙子兵法·谋攻篇》
sūn zǐ bīng fǎ móu gōng piān

注释

① 归：聚拢。
② 殆：危险。

译文

仁所在的地方，天下的人都向它聚拢。

如果对敌我双方的情况都能了解透彻，打多少场仗都不会有危险。

拓展

汉·司马迁《史记·孙子吴起列传》："于是阖庐知孙子能用兵，卒以为将。西破强楚，入郢，北威齐晋，显名诸侯，孙子与有力焉。世俗所称师旅，皆道孙子十三篇，吴起兵法，世多有，故弗论，论其行事所施设者。"

明·唐寅《山水人物册》

39 《孙膑兵法》一则

孟子说："天时不如地利,地利不如人和。"意思是在战争中,有利于作战的天气时令,比不上有利于作战的地理形势;而有利于作战的地理形势,比不上作战中的人心所向、团结一致。与孟子同时代的著名军事理论家孙膑指出,如果天时、地利、人和三者缺一,即便在战争中取胜,也会留下后患。

天时①、地利②、人和③,三者不得,虽胜有央④。

——《月战》

注释

① 天时:作战时的自然气候条件。

② 地利:作战时的地理环境。

③ 人和:作战时人心所向、团结一致。

④ 央:同"殃",灾殃,祸患。

译文

天时、地利、人和,这三个条件任何一个没有占优势,即使打了胜仗,也会留下祸患。

拓展

《孙膑兵法》是战国时期孙膑创作的军事理论著作,为研究我国古代军事思想提供了重要的资料。1972 年 2 月,山东临沂银雀山一号汉墓出土竹简 900 余枚,其中有《孙武兵法》《孙膑兵法》《六韬》《尉缭子》等,这使失传 2000 余年的《孙膑兵法》重见天日,引发了中外学界的广泛关注。《孙膑兵法》经整理后,分为上、下两编,这里采用的是张震泽先生校勘整理的版本。

40 《韩非子》二则

hán fēi zǐ èr zé

韩非子是战国末期法家学派的代表人物。他著有《孤愤》《五蠹》《说难》等文章，经后人收集整理而成《韩非子》一书。此书宣扬其法、术、势相结合的法治理论，达先秦法家理论之高峰。

jūn zǐ bù bì rén zhī měi   bù yán rén zhī è
君子不蔽①人之美②，不言人之恶。

——《内储说·上七术》
nèi chǔ shuō shàng qī shù

shì yǐ mì chéng yǔ yǐ xiè bài
事以③密成，语以泄败。

——《说难》
shuō nán

注释

① 蔽：掩盖。
② 美：优点。
③ 以：因为。

译文

君子不掩盖别人的优点，不议论别人的缺点。
做事因为保密而成功，说话因为泄密而失败。

拓展

法家，诸子百家之一，它以法治为核心思想，以富国强兵为己任，《汉书·艺文志》将其列为"九流"之一。法家最早可追溯至夏商时期的理官，成熟在战国时期。法家思想中以法治国的主张对现代法制同样具有深远的影响。代表人物有管仲、商鞅、韩非、李斯等。

明·陈洪绶《花卉山水册》

41 《鬻子》一则

yù zǐ   yì zé

"见贤思齐，见不贤而内自省也""勿以善小而不为，勿以恶小而为之"，先贤为我们阐述了善恶之道，鬻子下面的这句话也在阐述相同的道理。

zhī shàn bù xíng zhě wèi zhī kuáng   zhī è bù gǎi zhě wèi zhī huò
知善不行者谓之 狂 ①，知恶不改者谓之惑。

——《周公》
zhōu gōng

注释

① 狂：指内心悲愤。

译文

明知是善事而不去实行叫作狂悖，知道恶行却不悔改叫作迷惑。

拓展

鬻熊，约生活于公元前 11 世纪，芈（mǐ）姓，名熊，又称鬻熊子、鬻子，楚国的先祖，楚国开国君主熊绎之曾祖父。商朝末年，鬻熊投奔周文王，并成为周文王的火师（祭祀时持火之人，商周时期的官职）。周成王感念鬻熊的功劳，封鬻熊的曾孙熊绎为子爵，楚国始建国。鬻熊是楚国的创始人，杰出的政治家，留有《鬻子》一书传世。

42 《墨子》一则

唐太宗说："夫以铜为镜，可以正衣冠；以史为镜，可以知兴替；以人为镜，可以明得失。"由此可见，身边有一个可以作为是非标杆的人是多么重要。

君子不镜于①水，而镜于人。镜于水，见面之容；镜于人，则知吉与凶。

——《非攻》

注释

① 镜于：以……为镜。

译文

君子不把水当作镜子，而是拿别人当镜子。用水当镜子可以看到的是容貌，而用人当镜子则可以知道是非对错。

拓展

墨家，诸子百家之一，是东周时期的哲学派别。墨家约产生于战国时期，其创始人为墨翟（dí）（墨子）。墨家在先秦时期影响很大，与儒家并称"显学"。在当时的百家争鸣，有"非儒即墨"的说法。儒家代表孟子曾说"天下之言，不归杨（杨朱，道家代表人物）则归墨（墨子）"等语，证明了墨家思想在中国古代曾经的辉煌。

元·钱选《山居图》

43 《墨子》一则

mò zǐ　yì zé

荀子曰:"不积跬步,无以至千里;不积小流,无以成江海。"这句话告诉了我们积累的重要性,早荀子100多年前的墨子也提出了这样的观点。

jiāng hé zhī shuǐ　fēi yì shuǐ zhī yuán yě　qiān yì zhī qiú　fēi yì hú zhī bái yě
江 河 之 水,非一水之源也;千镒之裘①,非一狐之白也。

qīn shì
——《亲士》

注 释

① 千镒之裘:价值千镒的皮衣。镒,古代重量单位,1镒合20两(一说24两)。裘,毛皮的衣服。

译 文

长江黄河里的水,不是从同一水源流下的;价值千金的狐白裘,不是从一只狐狸腋下集成的。

拓 展

合抱之木,生于毫末;百丈之台,起于累土;千里之行,始于足下。
——《老子》第六十四章

元·唐棣《云浦挐舟图》

44 《墨子》一则
mò zǐ　　yì zé

曾子说："士不可以不弘毅，任重而道远。"意思是一个人必须具备宏远的志向，坚毅的品质，才能担当大任。孔子说："民无信不立。"意思是守信为立身之本，说明守信的重要性。下面墨子的一句话同时强调了这两个方面。

志不强者智不达；言不信者行不果。
zhì bù qiáng zhě zhì bù dá　yán bú xìn zhě xíng bù guǒ

——《修身》
xiū shēn

译文

意志不坚定的人，智慧就得不到充分的发挥；说话不守信的人做事就很难有结果。

拓展

轻诺必寡信。

——《老子》第六十三章

与朋友交，言而有信。

——《论语·学而篇第一》

言必信，行必果，硁硁然小人哉。

——《论语·子路篇第十三》

大人者，言不必信，行不必果，惟义所在。

——《孟子·离娄下》

宋·李唐《松湖钓隐图》

45 《鬼谷子》一则

guǐ gǔ zǐ yì zé

　　捭阖之术是战国时纵横家有名的分化、拉拢的游说之术。《鬼谷子》认为一开一合就是事物发展变化的普遍规律,是掌握事物的关键。纵横家以开合之道作为权变的根据,并且运用在其游说术中。

　　捭①之者,料其情也;阖②之者,结其诚也。

bǎi zhī zhě liào qí qíng yě hé zhī zhě jié qí chéng yě

——《捭阖》
bǎi hé

注释

① 捭:开的意思,接受外部事物及他人的主张和建议。
② 阖:闭的意思,不让外来事物进入,故步自封。

译文

用开启之术,对其虚实进行辨别;用闭合之术,确定对方的实情。

拓展

　　鬼谷子,战国时期传奇人物,诸子百家之纵横家创始人。相传他额前有四颗肉痣,是鬼宿之象。他精通百家学问,因隐居在云梦山鬼谷,自称"鬼谷先生"。他深谙自然之规律,天道之奥妙,被后世尊为"谋圣"。

明·董其昌《仿宋元人缩本画跋册》

46 《鬼谷子》一则

_{guǐ gǔ zǐ yì zé}

有一本书被柳宗元这样评价："险戾峭薄，恐其妄言乱世，难信，学者直其不道。"然而两千多年后，这本书却因集中了国人心理揣摩、演说技巧与政治谋略的精华，被称为"智慧禁果，旷世奇书"，这就是《鬼谷子》。

_{chūn shēng xià zhǎng qiū shōu dōng cáng tiān zhī zhèng yě}
春生、夏长、秋收、冬藏，天之正也。

——《持枢》
_{chí shū}

译文

春天萌生，夏天滋长，秋天收获，冬天储藏，是天时的正常运作规律。

拓展

春为苍天，夏为昊天，秋为旻天，冬为上天。
春为青阳，夏为朱明，秋为白藏，冬为玄英。
春为发生，夏为长嬴，秋为收成，冬为安宁。

——《尔雅·释天》

47 《声律发蒙》一则

shēng lǜ fā méng yì zé

[清] 车万育
qīng chē wàn yù

声律启蒙类读物在古代是用来训练应对掌握韵律的儿童读物,语言典雅,内容丰富。用心品味,你会体会到汉语的精致;放声诵读,你会领略到音律的美妙。

天对日,雨对风。九夏对三冬。祥云对瑞雪,滴露对垂虹。杨柳池塘 风淡淡,梨花院落月溶溶。天高地迥,水阔山重。云深雾暝,露重 霜浓。月楼三弄角①,烟寺五更钟。

注释

① 角:乐器。

拓展

《声律发蒙》是旧时学校启蒙读物之一,为康熙年间进士车万育(1632—1705)所著。主要是训练儿童应对、掌握声韵格律的启蒙读物。按韵分编,包罗天文、地理、花木、鸟兽、人物、器物等的虚实应对。含单字对、双字对、三字对、五字对、七字对、十一字对等。从单字到多字的层层组对,读起来如唱歌般朗朗上口,较之其他全用三言、四言句式更见韵味,这类读物,在启蒙读物中独具一格,经久不衰。

清·恽寿平《花坞夕阳图》

48　夸父逐日

kuā fù zhú rì

我国文化典籍浩如烟海，《山海经》是相当独特的一部，著有很多神奇的神话传说和寓言故事，女娲能把天补上，精卫可把海填满，夸父还去追赶太阳呢！你还知道哪些有趣的神话故事呢？

kuā fù yǔ rì zhú zǒu　rù rì　　kě yù dé yǐn　yǐn yú hé wèi　hé wèi bù zú　běi yǐn

夸父与日逐走①，入日②。渴欲得饮③，饮于河渭，河渭不足，北饮

dà zé　　wèi zhì dào kě ér sǐ　qì qí zhàng huà wéi dèng lín

大泽④。未至，道渴而死。弃其杖，化为邓林⑤。

shān hǎi jīng hǎi wài běi jīng

——《山海经·海外北经》

注释

① 逐走：竞跑，赛跑。
② 入日：追赶到太阳落下的地方。
③ 欲得饮：想要喝水。
④ 大泽：大湖。传说纵横千里，在雁门山北。
⑤ 邓林：地名，今在大别山附近，河南、湖北、安徽三省交界处。邓林即"桃林"。

译文

夸父和太阳赛跑，渐渐追上了太阳。这时夸父感到口很渴，想要喝水，于是就来到黄河、渭水边喝水。黄河、渭水的水干了都不够他喝，就往北边去大湖喝水。还没走到，就在半路因口渴而死。他死时丢弃的手杖也化成桃林。

拓展

《山海经》是中国富于神话传说的志怪古籍，是一本以山为经、以海为纬的荒诞不经的奇书，涵盖了古代地理、天文、历史、医药、民俗、民族、物产、神话、宗教等方面的诸多内容，可以说是上古社会的百科全书。书中保存了不少脍炙人口的远古神话传说和寓言故事，袁珂先生称赞《山海经》"非特史地之权舆，亦乃神话之渊府"，真是恰如其分。

49 刑天
xíng tiān

陶渊明在《读山海经》中写道："刑天舞干戚,猛志固常在。"刑天为报仇,挥舞斧盾,誓与天帝血战到底。他勇猛刚毅、奋战到底的精神激励着人们。

刑天①与帝争神,帝断其首,葬之常羊之山②。乃以乳为目,以脐为口,操干③戚④以舞。
xíng tiān yǔ dì zhēng shén dì duàn qí shǒu zàng zhī cháng yáng zhī shān   nǎi yǐ rǔ wéi mù
yǐ qí wéi kǒu cāo gān qī yǐ wǔ

——《山海经·海外西经》
shān hǎi jīng hǎi wài xī jīng

注释

① 刑天:神话中没有脑袋的神。
② 常羊之山:常羊山,在今陕西之南、四川之北。
③ 干:盾牌。
④ 戚:斧。

译文

古代战神刑天与天帝争夺神位,天帝斩断了他的头颅,把他的头埋葬在常羊山。刑天非常不服气,于是以双乳为眼睛,以肚脐为嘴巴,一手拿着盾牌一手挥舞大斧继续作战。

拓展

读山海经(其十)

[晋]陶渊明

精卫衔微木,将以填沧海。
刑天舞干戚,猛志固常在。
同物既无虑,化去不复悔。
徒设在昔心,良辰讵可待。

南宋·马麟《长松山水图页》

50 大人国与小人国
dà rén guó yǔ xiǎo rén guó

　　1726 年英国作家乔纳森·斯威夫特的《格列佛游记》首次出版，故事里的外科医生格列佛游历了有趣的小人国，还到访了神奇的大人国，故事里的精彩情节给人留下深刻的印象。而早在战国时期，《山海经》里就有关于小人国和大人国的记载，这比《格列佛游记》早了 2000 多年。

　　东海①之外，大荒之中，有山名曰大言，日月所出。

　　有波谷山者，有大人之国。有大人之市，名曰大人之堂②。有一大人踆③其上，张其两臂。

　　有小人国，名靖人④。

　　——《山海经·大荒东经》

注释

①东海：所指因时而异，先秦时代多指今天的黄海。

②大人之堂：一说是山名，因为山的形状如堂屋而得名；一说指大人之市中用来交易的堂屋。

③踆：通"蹲"。

④靖人：古代传说中的小人。

译文

　　东海之外，最荒远的地方之中，有一座山名叫大言山，是太阳和月亮升起的地方。有一座波谷山，这里是大人国所在之地。还有一个专门供大人做买卖的集市，名字叫大人之堂。有一个大人正张着他的两只手臂蹲在上面。有一个小人国，那里的人被称作靖人。

拓展

　　汉·刘秀（刘歆）《上山海经表》："朝士由是多奇《山海经》者，文学大儒皆读学，以为奇可以考祯祥变怪之物，见远国异人之谣俗。故《易》曰：'言天下之至赜而不可乱也。'博物之君子其可不惑焉。"

51 《老子》第七章
lǎo zǐ dì qī zhāng

　　天地之中,道有很多表现形式,如自然之道、处世之道。天地万物皆由道生,老子在此以"道"来论述为人处世之道,提出"无私长存""后其身而身先"等观念。他用朴素辩证法的观点,把宇宙、人生和社会看成统一的整体,以达到天人合一的境界,要求人们"无私",坚持无私的美德,这样才能实现"长生"。

tiān cháng dì jiǔ　　tiān dì suǒ yǐ néng cháng qiě jiǔ zhě　yǐ　qí bú zì shēng gù néng cháng
天 长 地 久。天 地 所 以 能 长 且 久 者,以① 其 不 自 生,故 能 长

shēng　shì yǐ shèng rén hòu qí shēn ér shēn xiān wài qí shēn ér shēn cún　fēi yǐ qí wú sī yé
生。是 以 圣 人 后 其 身 而 身 先,外 其 身 而 身 存。非 以 其 无 私 邪②!

gù néng chéng qí sī
故 能 成 其 私③。

注释

① 以:因为。
② 邪:同"耶",疑问语气词。
③ 私:在这里指个人利益。

译文

　　天和地都是永远存在的。天地之所以能这么长久,是因为它不是为了自己而生存,所以才长长久久地存在。因此,圣人凡事都让别人占先,自己的利益在他人之后,反而得到的先于别人;圣人把自己置之度外,生命反而能得以保全。这难道不正是因为他无私吗?这样反而能够成就自身。

拓展

　　老子(约前571—约前470),姓李名耳,字聃,字伯阳(或曰谥伯阳),春秋时期人。中国古代思想家、哲学家、文学家和史学家,道家学派创始人和主要代表人物,与庄子并称"老庄"。

52 《老子》第八章

无声无息的水是最柔弱最具善性的东西。老子用水性来比喻有德之人的人格，认为他们的品格像水一样，泽被万物却不居功自傲，清静无为而又无所不为。

上善①若水。水善利万物而不争，处②众人之所恶，故几于道。居善地③，心善渊④，与善仁，言善信，正⑤善治，事善能，动善时。夫唯不争，故无尤⑥。

注 释

① 上善：最高尚的德行或品格。
② 处：停留，居住。
③ 地：低下，卑下的意思。
④ 渊：深，可容纳万物。
⑤ 正：通"政"。
⑥ 尤：过失。

译 文

最高尚的品格就像水，水善于滋润万物而不争先。停留在众人所厌恶的地方，所以最接近于"道"。品行高尚的人总是甘居卑下的环境，心胸善于保持沉静，待人友善、真诚可亲，说话善于信守诺言，为政顺道善于治理，办事有条不紊，行动善于把握时机。正因为不与万物而争，所以没有怨咎。

拓 展

子贡问曰："君子见大水必观焉，何也？"孔子曰："夫水者，启子比德焉。遍予而无私，似德；所及者生，似仁；其流卑下，句倨皆循其理，似义；浅者流行，深者不测，似智；其赴百仞之谷不疑，似勇；绵弱而微达，似察；受恶不让，似包蒙；不清以入，鲜洁以出，似善化；至量必平，似正；盈不求概，似度；其万折必东，似意。是以君子见大水必观焉尔也。"

——《说苑·杂言》

明·蓝瑛《仿宋元册页》

53 帛书《老子》·第七十一章

子曰:"知之为知之,不知为不知,是知也。"这是孔子告诫弟子子路的话。这句话不仅含有做人的智慧,而且几个"知"字在句中形成了奇妙的节奏感。老子也说过相关的话,告诫人们强不知以为知则"病矣",几个"知"字与"病"字也产生了鲜明的节奏感,阅读时要用心体会。

zhī bù zhī shàng yǐ bù zhī zhī bìng yě   shì yǐ shèng rén zhī bú bìng yě   yǐ qí bìng bìng

知不知,尚①矣;不知知,病②也。是以 圣 人 之 不 病 也,以 其 病 病

yě shì yǐ bú bìng

也,是以不病。

注 释

① 尚:同"上",这里是最高明,最好的意思。
② 病:毛病,缺点。

译 文

知道自己还有所不知,最好;不知道却自以为知道,这是缺点。所以有道的圣人没有缺点,因为他把自己的缺点当作缺点,所以他没有缺点。

拓 展

帛书《老子》,1973 年出土于长沙马王堆汉墓,出土后便轰动了世界,让世人对传世本《老子》又有了重新的认识。原来帛书版的《老子》有许多地方与传世本不同,甚至是大相径庭。学者根据《德》《道》两篇文章的成书年代先后,分别命名为《老子甲本》《老子乙本》,其中甲本为 5344 字,乙本为 5342 字。研究证明,帛书《老子》下葬于汉文帝时期,在下葬时便是古物,时间上远早于成书于汉昭帝时期的《道德经》,这也是目前公认的最早版本。传世本《老子》第七十一章是:"知不知,尚矣。不知知,病矣。圣人不病,以其病病。夫惟病病,是以不病。"

54 《关尹子》一则

guān yǐn zǐ yì zé

在一个池塘中用石头堆砌一个小岛，鱼儿环游其中，游几千里也没有穷尽的时候。这就如同圣人的道理一样，无始无终，适用于天下万物。

guān yǐn zǐ yuē　yǐ pén wéi zhǎo　yǐ shí wéi dǎo　yú huán yóu zhī　bù zhī qí jǐ qiān wàn lǐ
关尹子曰："以盆为沼，以石为岛，鱼环游之，不知其几千万里

ér bù qióng　yě　fū hé gù　shuǐ wú yuán wú guī　shèng rén zhī dào běn wú shǒu mò wú wěi suǒ
而不穷①也。夫何故②？水无源无归。圣人之道，本无首，末无尾，所

yǐ yìng wù bù qióng
以应物不穷。"

yī yǔ
——《一宇》

注释

① 穷：穷尽。
② 故：缘故。

译文

关尹子说："以小小的盆地为沼泽，以石堆砌为岛，鱼在小小的盆地里环游，不知不觉游了几千万里，而还是不能穷尽沼泽的尽头。这是什么缘故呢？这是因为这水既看不见源头，也看不见终点。圣人的道理也是这样，没有开头，也没有结尾，所以适应事物无穷的变化。"

拓展

庄子与惠子游于濠梁之上。庄子曰："鲦鱼出游从容，是鱼之乐也。"惠子曰："子非鱼，安知鱼之乐？"庄子曰："子非我，安知我不知鱼之乐？"惠子曰："我非子，固不知子矣；子固非鱼也，子之不知鱼之乐，全矣！"庄子曰："请循其本。子曰'汝安知鱼乐'云者，既已知吾知之而问我，我知之濠上也。"

——《庄子·秋水》

清·恽寿平《仿古山水册》

55 《关尹子》一则

老子出关，应关尹喜的请求写下了《老子》，由此可见尹喜与道宗的渊源。下文中出现的"道德"二字，便与《老子》中的道德相通。道家主张清静无为，而尹喜却说"平尔行，锐尔事"，即处世平和，做事敏锐，似乎与儒家思想中的"中庸""敏行"相关，由此也可以看出关尹子儒道融合的思想。

关尹子曰："圆尔①道，方尔德，平尔行，锐②尔事。"

——《九药》

注释

① 尔：你。
② 锐：使……敏锐。

译文

关尹子说："处事的原则要圆通，自己的道德要方正，自身的行为应该平和，而做事要果敢进取。"

拓展

宋·陈显微《文始真经言外旨》："愚闻三教鼎立于天地间，如三光在天，相须为明，不可偏废也。三家经文充府满藏，其间各有精微极至之书，吾儒六经皆法言，而最精微者《易》也；释氏大藏累千万轴，最精微者《楞伽》也；道家大藏亦千万卷，最精微者《关尹子》书也。"

宋·佚名《梅竹双鹊图》

56　薛谭学讴
xuē tán xué ōu

书山有路，学海无涯。薛谭跟着秦青学唱歌，自认为学到了师父的本领便匆匆下山，可是他为什么又回去了呢？

薛谭学讴①于秦青，未穷青之技，自谓尽之，遂辞归。秦青弗②止，饯③于郊衢，抚节悲歌，声振林木，响遏④行云。薛谭乃谢求反，终身不敢言归。

——《列子·汤问》
liè zǐ tāngwèn

注释

①学讴：学习唱歌。

②弗：没有。

③饯：送行。

④遏：停止。

译文

薛谭向秦青学习唱歌，还没有学完秦青的技艺，就以为学尽了，于是便告辞回家。秦青没有劝阻他，在城外大道旁给他送行，秦青打着节拍，高唱悲歌。那歌声使路边的树林都振动了，使空中的飞云也停住了。薛谭听了后便向秦青道歉并请求能返回继续跟秦青学习唱歌，从此一辈子不再说回去的事了。

拓展

列子，名御寇，战国前期道家代表人物，后被尊奉为"冲虚真人"。班固《汉书·艺文志》"道家"部分曾著录《列子》八卷，已佚。今传《列子》其书为后人根据古代资料编著，多以为是注者张湛伪作。《列子》中多载民间故事及寓言传说，如《愚公移山》《夸父追日》《杞人忧天》均为脍炙人口的名篇，具有较高的文学意义和思想价值。

文化记忆三·古代游戏（一）

游戏，中国古时称"戏、游嬉"。《礼记·学记》中记载"藏焉修焉，息焉游焉"，将游戏视为学习之余放松、休息的方式。在古代上至宫廷，下至民间，游戏都是生活中不可缺少的，具有无穷的乐趣。一些古代游戏，至今仍喜闻乐见，有着蓬勃的生命力。其中有的游戏跟礼仪修习与经典学习相关，如投壶、射覆；有的与古代战争的习演相关，如中国象棋；有的甚至可以体现博大精深的传统思想与文化，如围棋。

投壶

投壶是从先秦延续至清末的宴饮游戏，来源于古代射礼，受限于庭院条件与宾客情况，故而以投壶代替射箭，来娱乐宾朋，修习礼仪。具体方法就是把箭向壶里投，投中多的为胜者，输者按规定饮酒。孔子说："君子无所争。必也射乎！揖让而升，下而饮，其争也君子。"意思是在射箭的竞技活动中也要体现出君子的仪度。

射覆

射覆是一种近乎占卜术的猜物游戏。"射"就是猜测，"覆"就是覆盖的意思，即在器物下覆盖某种日常生活用品（如手帕、笔墨、印章），让人猜测里面是什么东西，猜测的依据是《周易》的卦辞。最早的玩法是先"分曹"（分成两方），一方把某物件用器皿遮盖起来，让另一方猜，猜不出为输，罚饮酒。《汉书·东方朔传》中有"上尝使诸数家射覆"的记载，由此可见，早在汉代这种游戏便在皇宫中流行开来。唐代李商隐有"隔座送钩春酒暖，分曹射覆蜡灯红"的诗句。

这种玩法在发展过程中，逐渐演变为一种语言文字游戏，即用相关字句隐喻事物，叫"覆"，若射者猜不出或未猜中，就要罚酒。

清·沈谦《红楼梦赋图册》
图中描绘了《红楼梦》人物在大观园中的结社、联句、宴饮、射覆、钓鱼等丰富的文化生活。

《红楼梦》第六十二回，宝玉、宝琴、平儿、岫烟四人共度生日，在红香圃玩的酒令游戏就是"射覆"。这个桥段，已经成为古代酒令文化的经典场景。

中国象棋

中国象棋是中华民族的文化瑰宝，有着悠久的历史。由于用具简单，趣味性强，成为至今流行广泛的棋艺活动。中国象棋模拟的是古代战争，因此被列为士大夫们的修身之艺。

"象棋"一词最早出现于战国时期。《楚辞·招魂》中就对其形制以及玩法做过专门记载。更具说服力的说法是象棋起源于楚汉相争时期，因为象棋的棋盘中间写着"楚河汉界"。也有传说是汉代将领韩信发明的。清代梁同书《渊深海阔象棋谱序》："又闻象棋始于韩信，朱子云博局红也。"

围棋

围棋，中国古时称为"弈"，属琴棋书画四艺之一。围棋起源于中国，春秋战国时期即有相关记载，先秦典籍《世本》中就有"尧造围棋，丹朱善之"的说法。后来流传到东亚、欧美各国。围棋蕴含着丰富的文化内涵，是中国文化与文明的体现。

下面是几则关于围棋的早期记载。

《左传·襄公二十五年》："卫献公自夷仪使与宁喜言，宁喜许之。大叔文子闻之，曰：'呜呼……今宁子视君不如弈棋，其何以免乎？弈者举棋不定，不胜其耦，而况置君而弗定乎？必不免矣！'"这是历史上第一次可靠的涉及围棋的记载，时间是公元前548年。其中"举棋不定，不胜其耦"意思是下棋的人举棋不定，就不能击败对方。这里采用的是比喻的说法。

《论语·阳货》："子曰：'饱食终日，无所用心，难矣哉。不有博弈者乎？为之犹贤乎已。'"孔子认为即便是花心思玩些博弈之类的游戏，也胜过饱食终日无所事事。这也体现了围棋益智的作用。

另外，《孟子·告子》中"专心致志"的故事也广为流传。孟子用学围棋的故事告诫我们，凡事要专心致志才能有所成就。

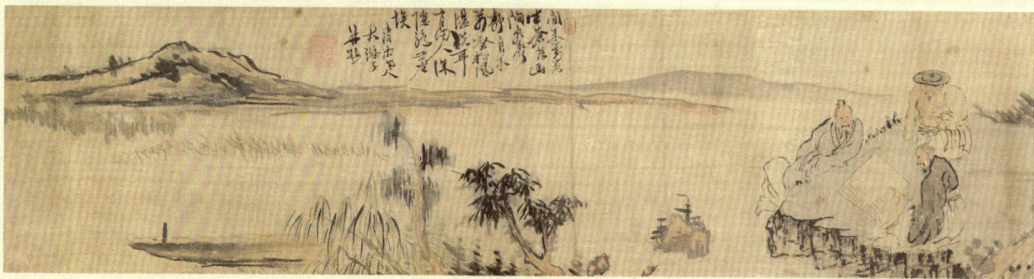

清·石涛《高士对弈图》

集部

从字形可以看出,"集"的本义是群鸟栖息于树上。《诗经·葛覃》中就有"黄鸟于飞,集于灌木"的诗句。 在这个意义上,"集"引申为聚合、会合,如聚集、集合;又可引申为会合许多著作编成的书,如文集、诗集、选集、全集,"集部"就源于这个意义。

57　击壤①歌

_{jī rǎng gē}

古人的劳作很简单——日出而作，日入而息，古人的生活很简单——凿井而饮，耕田而食。这简单里面有远古人民的旷达，又何尝不是另一种"采菊东篱下，悠然见南山"。

rì chū ér zuò　　rì rù ér xī
日出而作②，日入而息③。

záo jǐng ér yǐn gēng tián ér shí
凿井而饮，耕田而食。

dì lì　yú wǒ hé yǒu　zāi
帝力④于我何有⑤哉！

注释

① 壤：古代儿童玩具，用木做成，前宽后窄，长一尺多，形状像鞋。游戏时，先将一壤放在地上，然后在三四十步远处，以另一壤击打它，打中就胜利。

② 作：劳动。

③ 息：休息。

④ 帝力：尧帝的力量。

⑤ 何有：有什么（影响）。

拓展

传说在尧帝的时代，"天下太和，百姓无事"，老百姓过着安定舒适的日子。一位八九十岁的老人，一边悠闲地做着"击壤"的游戏，一边唱出了这首歌。

清代诗人沈德潜指出："帝尧以前，近于荒渺。虽有《皇娥》《白帝》二歌，系王嘉伪撰，其事近诬，故以《击壤歌》为始。"

58 卿云歌
qīng yún gē

这首诗歌里面潜藏着一所中国著名大学校名的密码,这首诗歌里面更有上古时期禅位仪式的真相。

卿云①烂②兮,纠③缦缦④兮。
qīng yún làn xǐ jiū màn màn xǐ

日月光华⑤,旦复旦⑥兮。
rì yuè guāng huá dàn fù dàn xǐ

注释

① 卿云:一种彩云,古人以为是祥瑞的象征。
② 烂:明亮,辉煌。
③ 纠:结集,连合。
④ 缦缦:萦回舒卷的样子。
⑤ 光华:光辉照耀,闪耀。
⑥ 旦复旦:光明又复光明。旦,明亮。

拓展

《卿云歌》相传是舜禅位于禹时,同群臣互贺的唱和之作。始见旧题西汉伏生的《尚书大传》。这首歌谣反映了先民向往和谐清明的政治制度的理想。

清代陈祚明《采菽堂古诗选》:"'旦复旦',便寓禅代之意。"

元·倪瓒《安处斋图卷》

59 吴王夫差时童谣①
_{wú wáng fū chāi shí tóng yáo}

我们都听说过越王勾践卧薪尝胆的故事，后世把这个故事作为励志的典范。不过从吴王夫差的角度来看吴国的覆灭，不禁让人感叹。下面的六字童谣就意味深长地表达了出来。七月交秋未变秋，轻轻一叶下枝头。君王不在当时悟，直到凋残后始愁。宋代王宾的一首《梧桐园》道尽这首童谣背后王朝变更的凄苦。

梧宫②秋，吴王③愁。
_{wú gōng qiū wú wáng chóu}

注释

① 吴夫差时童谣：先秦时期的一首童谣，收录于《古诗源》。相传春秋时，吴王夫差闻听"梧宫秋，吴王愁"童谣，后来亡国。

② 梧宫：梧桐园，故吴宫吴王夫差园。

③ 吴王：吴王夫差。

拓展

吴既赦越，越王勾践反国，乃苦身焦思，置胆于坐，坐卧即仰胆，饮食亦尝胆也，曰："女忘会稽之耻邪？"身自耕作，夫人自织，食不加肉，衣不重采，折节下贤人，厚遇宾客，振贫吊死，与百姓同其劳。

——汉·司马迁《史记·越王勾践世家》

60　弹歌①
dàn gē

　　《弹歌》是中国上古时期的歌谣。这首歌谣反映了原始社会的狩猎生活,描写古人从制作工具到进行狩猎的全过程。用八个字概括出制造和使用弹弓的过程,表现出劳动人民与自然斗争的豪迈气概。

duàn zhú　　xù zhú
断 竹②,续 竹③。

fēi　tǔ　zhú　ròu
飞④土⑤,逐⑥宍⑦。

注 释

　　① 弹歌:一作"作弹歌"。弹,一种利用弹力发射的古老武器。
　　② 断竹:砍伐竹子。
　　③ 续竹:指用野藤之类的韧性植物连接竹片两端,制成弹弓。
　　④ 飞:发出。
　　⑤ 土:这里指泥制的弹丸。
　　⑥ 逐:追赶,猎取。
　　⑦ 宍:"肉"的古字。

拓 展

　　《弹歌》录载于《吴越春秋·勾践阴谋外传》,是东汉时记录下来的。《吴越春秋》记载,春秋时期,越国的国君勾践向楚国的射箭能手陈音询问弓弹的道理,陈音在回答时引用了这首《弹歌》。
　　南朝·刘勰《文心雕龙·通变》:"黄歌《断竹》,质之至也。"

61 大风歌① dà fēng gē

[汉] 刘 邦② hàn liú bāng

刘邦作为巍巍大汉的开国皇帝,起于草莽,征战沙场,屡战屡败而不气馁,终于战胜对手,建立汉朝。如今花甲之年又出征,平定叛乱,对酒当歌,何等豪迈!

大风起兮③云飞扬, dà fēng qǐ xī yún fēi yáng

威④加⑤海内⑥兮归故乡, wēi jiā hǎi nèi xī guī gù xiāng

安得⑦猛士兮守⑧四方⑨! ān dé měng shì xī shǒu sì fāng

注释

① 大风歌:又作"大风曲"。

② 刘邦(前256—前195):即汉高祖,字季,沛县(今属江苏省)人,汉朝开国皇帝,汉民族和汉文化的开拓者之一,对汉族的发展、华夏文明的延续,以及中国的统一和强大有突出贡献。代表作品有《大风歌》《鸿鹄歌》。

③ 兮:语气词,相当于现代汉语中的"啊"。

④ 威:威望,权威。

⑤ 加:施加。

⑥ 海内:四海之内,即"天下"。

⑦ 安得:怎样得到。

⑧ 守:守护,保卫。

⑨ 四方:指代国家。

拓展

高祖还归,过沛,留。置酒沛宫,悉召故人、父老子弟纵酒。发沛中儿得百二十人,教之歌。酒酣,高祖击筑,自为歌诗曰:"大风起兮云飞扬,威加海内兮归故乡,安得猛士兮守四方!"

——汉·司马迁《史记·高祖本纪》

清·华嵒《山水十二开》

62 行行重行行
xíng xíng chóng xíng xíng

天涯一方,道阻且长。相去日远,游子不返。这种离别相思,情真、景真、事真、意真。人间相思苦,行行重行行。

行行重①行行,与君生别离②。
xíng xíng chóng xíng xíng yǔ jūn shēng bié lí

相去③万余里,各在天一涯④。
xiāng qù wàn yú lǐ gè zài tiān yì yá

道路阻⑤且长⑥,会面安⑦可知⑧?
dào lù zǔ qiě cháng huì miàn ān kě zhī

胡马⑨依⑩北风,越鸟⑪巢南枝。
hú mǎ yī běi fēng yuè niǎo cháo nán zhī

相去日⑫已⑬远⑭,衣带日已缓⑮。
xiāng qù rì yǐ yuǎn yī dài rì yǐ huǎn

浮云蔽白日⑯,游子不顾⑰反⑱。
fú yún bì bái rì yóu zǐ bú gù fǎn

思君令人老⑲,岁月⑳忽已晚㉑。
sī jūn lìng rén lǎo suì yuè hū yǐ wǎn

弃捐㉒勿复㉓道㉔,努力加餐饭㉕。
qì juān wù fù dào nǔ lì jiā cān fàn

注释

① 重:又。
② 生别离:古代流行的成语,犹言"永别离"。
③ 相去:相距,相离。
④ 涯:边际。
⑤ 阻:指道路上的障碍。
⑥ 长:指道路间的距离很远。
⑦ 安:怎么,哪里。
⑧ 知:一作"期"。
⑨ 胡马:北方所产的马。
⑩ 依:依恋的意思。一作"嘶"。
⑪ 越鸟:南方的鸟。

⑫ 日：一天又一天，渐渐的意思。

⑬ 已：同"以"。

⑭ 远：久。

⑮ 缓：宽松。

⑯ 白日：原是隐喻君王的，这里喻指未归的丈夫。

⑰ 顾：顾恋，思念。

⑱ 反：同"返"，返回，回家。

⑲ 老：这里指形体的消瘦，仪容的憔悴。

⑳ 岁月：指眼前的时间。

㉑ 忽已晚：流转迅速，指年关将近。

㉒ 弃捐：抛弃，丢开。

㉓ 复：再。

㉔ 道：谈说。

㉕ 加餐饭：当时常用的一种安慰语。

拓 展

南朝梁·刘勰《文心雕龙·明诗》："观其结体散文，直而不野，婉转附物，怊怅切情，实五言之冠冕也。"

南朝梁·钟嵘《诗品》："文温以丽，意悲而远，惊心动魄，可谓几乎一字千金。"

清·杨晋《仿古山水图》

63　野田黄雀行

yě tián huáng què xíng

sān guó wèi　cáo　zhí
［三国魏］曹　植①

南朝宋文学家谢灵运评价曹植"天下才有一石,曹子建独占八斗"。王士禛曾论汉魏以来二千年间诗家堪称"仙才"者,曹植、李白、苏轼三人耳。曹植虽为曹操之子,但命运多舛。当他面对困境时,又会发出怎样的感慨呢?

gāo shù duō bēi fēng hǎi shuǐ yáng qí bō
高树多悲风,海水扬其波。

lì jiàn bú zài zhǎng jié yǒu hé xū duō
利剑②不在掌,结友何须多?

bú jiàn lí jiān què jiàn yào zì tóu luó
不见篱间雀,见鹞③自投罗。

luó jiā dé què xǐ shào nián jiàn què bēi
罗家④得雀喜,少年见雀悲。

bá jiàn shāo luó wǎng huáng què dé fēi fēi
拔剑捎⑤罗网,黄雀得飞飞。

fēi fēi mó cāng tiān lái xià xiè shào nián
飞飞摩苍天⑥,来下谢少年。

注释

① 曹植(192—232):三国时期魏国著名文学家,建安文学的代表人物。代表作有《洛神赋》《白马篇》《七哀诗》等。后人因其文学上的造诣而将他与曹操、曹丕合称为"三曹"。

② 利剑:锋利的剑。这里比喻权力。

③ 鹞:比鹰小一点的一种凶猛的鸟类。

④ 罗家:设置罗网的人。

⑤ 捎:挥击。

⑥ 摩苍天:形容黄雀飞得很高。摩,迫近。

拓展

七步诗

［三国魏］曹　植

煮豆持作羹,漉菽以为汁。

其在釜下燃,豆在釜中泣。

本自同根生,相煎何太急?

64 玉阶①怨
yù jiē yuàn

[南朝齐] 谢 朓
náncháo qí xiè tiǎo

汉成帝时，班婕妤失宠，有感而发便写下《纨扇诗》及《自悼赋》，情词凄怆。谢朓根据班婕妤的故事制题，写下《玉阶怨》一诗。

夕殿②下珠帘，流萤③飞复息④。
xī diàn xià zhū lián liú yíng fēi fù xī

长 夜缝罗⑤衣，思君此何极⑥。
cháng yè féng luó yī sī jūn cǐ hé jí

注 释

① 玉阶：皇宫的石阶。
② 夕殿：傍晚的宫殿。
③ 流萤：萤火虫。
④ 息：停止。
⑤ 罗：一种丝织品。
⑥ 何极：哪有尽头。

拓 展

谢朓（464—499），字玄晖，陈郡阳夏（今河南省太康县）人。南朝齐时著名的山水诗人，出身世家大族。谢朓与谢灵运同族，世称"小谢"。后官宣城太守，终尚书吏部郎，又称谢宣城、谢吏部。东昏侯永元元年（499），遭诬陷，入狱后死于狱中。今存诗200余首，诗风清新秀丽，圆美流转，平仄协调，对偶工整，世称"永明体"，开启唐代律诗的先河。

明·蓝瑛《山水十开》

65 重别周尚书①

chóng bié zhōu shàng shū

[南北朝] 庾 信

nán běi cháo yǔ xìn

鸿雁秋去春来，来去自由，而丧失了这种自由的庾信，人不如雁。《重别周尚书》短短二十字，却写得笔墨淋漓，感情充沛。

阳 关②万里③道，不见一人④归。

yáng guān wàn lǐ dào bú jiàn yì rén guī

唯有河⑤边雁，秋来南向⑥飞。

wéi yǒu hé biān yàn qiū lái nán xiàng fēi

注 释

① 周尚书：即周弘正（496—574），梁元帝时为左民尚书。
② 阳关：在今甘肃省敦煌市西，汉朝时地属边陲，这里暗指长安。
③ 万里：指长安与南朝相去甚远。
④ 一人：指庾信自己。
⑤ 河：指黄河。
⑥ 南向：向着南方。

拓 展

庾信（513—581），字子山，祖籍南阳新野（今属河南省）人。最初在梁做官，后出使西魏，当时正值西魏灭梁，于是羁留北方。历仕西魏、北周，官至骠骑大将军。庾信博学多才，擅长诗文。风格苍凉沉郁，深受杜甫推崇，有《庾子山集》传世。

清·王鉴《山水清音图册》

66 人日^①思归

rén rì sī guī

suí xuē dào héng

[隋] 薛道衡

雁已归，花又落，屈指数日，日日思归。此诗跟庾信的《重别周尚书》一样，同为思归之作，诗境中都以大雁作为思归的参照，但在表达上却有不同。

rù chūn cái qī rì   lí jiā yǐ èr nián
入春^②才七日，离家已二年。

rén guī luò yàn hòu   sī fā zài huā qián
人归落^③雁后，思^④发在花前。

注释

① 人日：农历正月初七。古代相传农历正月初一为鸡日，初二为狗日，初三为猪日，初四为羊日，初五为牛日，初六为马日，初七为人日。

② 入春：古时候人们把春节当成春天的开始，故言"入春"。

③ 落：落在……后。

④ 思：思归。

拓展

薛道衡（540—609），隋朝诗人，字玄卿，河东汾阴（今山西省万荣县）人。隋朝建立后，任内史侍郎，加开府仪同三司。隋炀帝时，出为潘州（今广东省高州市）刺史，改任司隶大夫。他和卢思道齐名，在隋代诗人中艺术成就较高。有集30卷已佚。今存《薛司隶集》1卷。

宋·佚名《梨花鹦鹉图》

67 杂诗
zá shī

[唐] 王 维
táng wáng wéi

久别故乡,亲友相逢,乡音相悦,处处皆有萦绕于心间的情愫,而诗人心心念念的都是故乡窗外的梅花。

君自故乡来①,应知故乡事。
jūn zì gù xiāng lái   yīng zhī gù xiāng shì

来日绮窗②前,寒梅著花③未?
lái rì qǐ chuāng qián hán méi zhuó huā wèi

注 释

① 来:到来。
② 绮窗:雕有花纹的窗户。
③ 著花:开花。

拓 展

王维(701—761),字摩诘(jié),号摩诘居士,河东蒲州(今山西省永济市)人。著名山水田园诗人,有"诗佛"之称,与孟浩然并称"王孟"。苏轼评价其:"味摩诘之诗,诗中有画;观摩诘之画,画中有诗。"

相思

[唐]王 维

红豆生南国,春来发几枝。
愿君多采撷,此物最相思。

清·金农《梅花图册》

68 终南山
zhōng nán shān

táng wáng wéi
[唐] 王 维

读王维诗，如欣赏画作，读之，会生出一幅山水美景在你面前铺陈开来之感。终南山巍峨挺拔，高入云霄；连绵不绝，延伸至遥远海边。置身其中，云雾缭绕，登上中峰，景色尽收眼底。终南山景色如斯，怎不令人神往？

tài yǐ   jìn tiān dū   lián shān jiē hǎi yú
太乙①近天都，连山接海隅。

bái yún huí wàng hé   qīng ǎi   rù kàn wú
白云回望合，青霭②入看无。

fēn yě zhōng fēng biàn   yīn qíng zhòng hè   shū
分野中峰变，阴晴众壑③殊。

yù tóu rén chù sù   gé shuǐ wèn qiáo fū
欲投人处宿，隔水问樵夫。

注释

① 太乙：终南山的主峰，亦是终南山的代称。
② 霭：雾气。
③ 壑：山谷。

拓展

明·王夫之《唐诗评选》："工苦，安排备尽矣。人力参天，与天为一矣。'连山到海隅'非徒为穷大语，读《禹贡》自知之。结语亦以形其阔大，妙在脱卸，勿但作诗中画观也，此正是画中有诗。"

清·石涛《山水册》

69　问刘十九①
wèn liú shí jiǔ

táng　bái jū yì
〔唐〕白居易

生活中和朋友闲来小酌是寻常之事,人人意中所有。所谓"酒逢知己千杯少""独酌无相亲",与知己对饮更富有人情味。天寒欲雪之时,家酿新熟,炉火生温,友人清谈小饮,此境正是绝佳。

lù yǐ　xīn pēi　jiǔ hóng ní xiǎo huǒ lú
绿蚁②新醅③酒,红泥小火炉。

wǎn lái tiān yù xuě　néng yǐn yì bēi wú
晚来天欲雪,能饮一杯无?

注释

① 刘十九:洛阳一富商,与白居易交往较多。

② 绿蚁:浮在新酿的没有过滤的米酒上的绿色泡沫。

③ 醅:酿造。

拓展

白居易(772—846),字乐天,号香山居士,又号醉吟先生,祖籍太原。唐代伟大的现实主义诗人,与元稹共同倡导新乐府运动,世称"元白",与刘禹锡并称"刘白"。白居易的诗歌题材广泛,形式多样,语言平易通俗,有"诗魔"和"诗王"之称。官至翰林学士、左赞善大夫。有《白氏长庆集》传世,代表诗作有《长恨歌》《卖炭翁》《琵琶行》等。

宋·佚名《雪景图》

qián táng hú chūn xíng

70 钱塘湖春行

táng bái jū yì

［唐］白居易

跟随诗人游湖，饱览湖光山色之美，又恰逢早春时节，一切都是那么的生意盎然，令人心旷神怡。

gū shān sì běi jiǎ tíng xī shuǐ miàn chū píng yún jiǎo dī
孤山寺北贾亭西，水面初平云脚①低。
jǐ chù zǎo yīng zhēng nuǎn shù shuí jiā xīn yàn zhuó chūn ní
几处早莺争暖树，谁家新燕啄春泥。
luàn huā jiàn yù mí rén yǎn qiǎn cǎo cái néng mò mǎ tí
乱花渐欲②迷人眼，浅草才能没③马蹄。
zuì ài hú dōng xíng bù zú lù yáng yīn lǐ bái shā dī
最爱湖东行不足④，绿杨阴里白沙堤。

注释

① 云脚：出现在将要下雨或者雨后接近地面的云气。
② 欲：将要。
③ 没：埋没，遮没。
④ 足：满足。

拓展

清·金圣叹《贯华堂选批唐才子诗》："前解先写湖上。横开则为寺北亭西，竖展则为低云平水，浓点则为早莺新燕，轻烘则为暖树春泥。写湖上，真如天开图画也。后解方写春行。花迷，草没，如以戥子称量此日春光之浅深也。'绿杨阴里白沙堤'者，言于如是浅深春光中，幅巾单袷款段闲行，即此杭州太守白居士也。"

清·王愫《山水画》

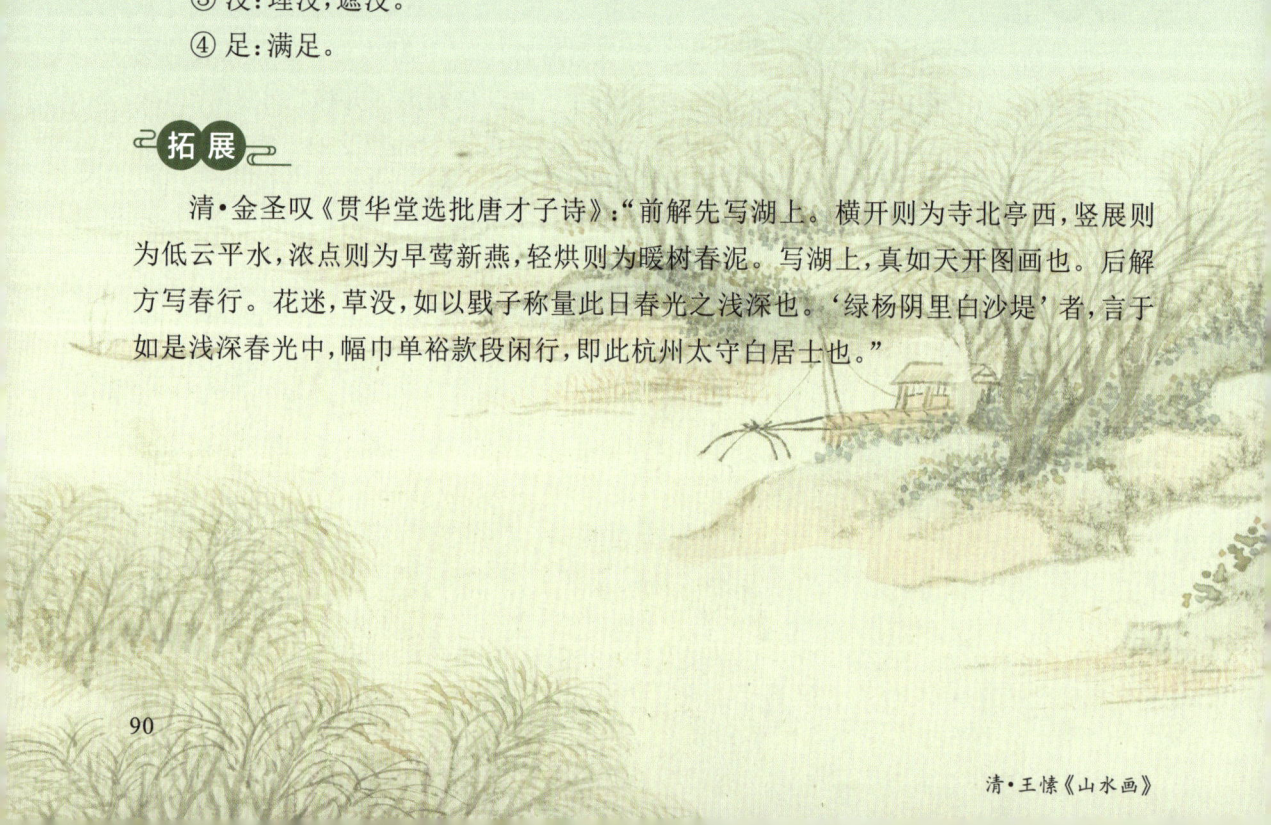

71　哥舒①歌

^{gē shū gē}

^{táng xī bǐ rén}
［唐］西鄙人

汉初，戚夫人善歌出塞入塞之曲，可惜的是她的词没有流传下来。这位西鄙之人，姓氏已不可知，而高歌慷慨，与"敕勒川，阴山下"之歌，同是天籁。

^{běi dǒu qī xīng gāo　gē shū yè dài dāo}
北斗七星高，哥舒夜带刀。
^{zhì jīn kuī　mù mǎ　　bù gǎn guò lín táo}
至今窥②牧马③，不敢过临洮④。

注 释

① 哥舒：指哥舒翰，是唐玄宗的大将，哥舒部的后裔。哥舒是以部落名称作为姓氏。
② 窥：窃看。
③ 牧马：吐蕃越境放牧，指侵扰活动。
④ 临洮：今甘肃省洮河边的岷县。一说今甘肃省临潭县。

拓 展

唐玄宗天宝十二载（753），将军哥舒翰领兵大破突厥。这首诗是西北人民为歌颂其战功而作。哥舒翰多次击退吐蕃侵扰，稳定了边境的局面，当时就有民谣："北斗七星高，哥舒夜带刀。吐蕃总杀却，更筑两重壕。"

72 登乐游原①
dēng lè yóu yuán

[唐] 李商隐
táng　lǐ shāng yǐn

薄暮无聊之时，诗人借登高远眺以舒怀抱。烟树人家，在微明的夕照中，好像天开的图画。但是黄昏的到来，瞬间即将万象归寂，诗人趁夕阳尚暖，停车吟唱。

向　晚②意不适③，驱车 登 古原。
xiàng wǎn　yì bú shì　　qū chē dēng gǔ yuán

夕阳 无限好，只是 近 黄 昏。
xī yáng wú xiàn hǎo　zhǐ shì jìn huáng hūn

注 释

① 乐游原：在长安（今陕西省西安市）城南，是唐代长安城内地势最高地。汉宣帝立乐游庙，又名乐游苑，登上它可望长安城。

② 向晚：傍晚。

③ 不适：不高兴的样子。

拓 展

李商隐（约813—约858），字义山，号玉谿生、樊南生，祖籍河内（今河南省焦作市）沁阳，出生于郑州荥阳。唐代著名诗人，和杜牧合称"小李杜"，与温庭筠合称"温李"，因诗文与同时期的段成式、温庭筠风格相近，且三人都在家族里排行第十六，故并称为"三十六体"。其诗构思新奇，风格秾丽，尤其是一些爱情诗和无题诗写得缠绵悱恻，优美动人，广为传诵。但部分诗歌过于隐晦迷离，难于索解，至有"诗家总爱西昆好，独恨无人作郑笺"之说。作品收录在《李义山诗集》。

73 夜雨寄北①

[唐] 李商隐

清空如话,一气循环,李商隐绝句中常为人称道的是《夜雨寄北》。诗本寄友,如闻娓娓清谈,深情自见。

君问归期②未有期,巴山③夜雨涨秋池。
何当共剪西窗烛,却话巴山夜雨时。

注释

① 寄北:写诗寄给北方的人。题《夜雨寄北》即寄予妻子。

② 归期:指回家的日期。

③ 巴山:指大巴山,在陕西南部和四川东北交界处。

拓展

明·周珽《唐诗选脉会通评林》:"李梦阳曰:唐诗如贵介公子,风流闲雅,观此信然。唐汝询曰:题曰'寄北',此必私昵之人。就景生意,为后人话旧长谈。以今夜雨中愁思,冀为他日相逢话头,意调俱新。第三句应转首句,次句生下落句,有情思。盖归未有期,复为夜雨所苦,则此夕之寂寞,唯自知之耳。得与共话此苦于剪烛之下,始一腔幽衷,或可相慰也。'何当''却话'四字妙,犁犁云树之思可想。"

清·石涛《花卉山水册页》

74 ^{chán}蝉

[唐] 李商隐

借咏蝉之境遇,言自己之心声。生活困顿,四处漂泊,前途黯淡,何等的失意
与苍凉!

本以^①高难饱,徒劳恨费声。

五更疏欲断,一树碧无情。

薄宦梗犹泛^②,故园芜已平。

烦君^③最相警^④,我亦举家清。

注释

① 以:因。

② 梗犹泛:典出《战国策·齐策三》:土偶人对桃梗说:"今子,东国之桃梗也,刻削
子以为人,降雨下,淄水至,流子而去,则子漂漂者将何如耳。"后以此比喻漂泊不定。

③ 君:指蝉。

④ 警:提醒。

拓展

在狱咏蝉

[唐] 骆宾王

西陆蝉声唱,南冠客思深。
不堪玄鬓影,来对白头吟。
露重飞难进,风多响易沉。
无人信高洁,谁为表予心。

清·王武《花卉册》

75 渡汉江①

dù hàn jiāng

táng sòng zhī wèn

[唐] 宋之问

此诗写出了诗人久别还乡,即将到家时激动而又复杂的心情。语言浅显易懂,意蕴深邃悠远。诗中后两句描摹人物的心理,自然妥帖,而余味无穷。

lǐng wài　yīn shū duàn jīng dōng fù　lì chūn

岭外②音书断,经冬复历春。

jìn xiāng qíng gèng qiè　bù gǎn wèn lái rén

近乡情更怯,不敢问来人③。

注释

① 汉江:汉水。长江最大支流,源出陕西,经湖北流入长江。

② 岭外:五岭以南的广大地区,通常称岭南。

③ 来人:渡汉江时遇到的从家乡来的人。

拓展

宋之问(约 656—约 712),字延清,名少连,汾州(今山西省汾阳市)人。初唐诗人,与沈佺期并称"沈宋"。唐高宗上元二年(675),进士及第,被召入文学馆,后与杨炯一起进入崇文馆任学士。与陈子昂、卢藏用、司马承祯、王适、毕构、李白、孟浩然、王维、贺知章称为"仙宗十友"。他的创作使近体诗的格律更加严谨,促进了律诗的发展与成熟。

清•王鉴《仿惠崇笔意扇面》

76 闺怨 ①

guī yuàn

táng wáng chāng líng
[唐] 王 昌 龄

闺妇值春风微和之时，依然扫黛凝妆，登高凭眺，忽然见到柳色青青，开始后悔让丈夫轻挂离帆，贪觅封侯。

guī zhōng shào fù bù zhī chóu chūn rì níng zhuāng shàng cuì lóu
闺 中 少妇不知愁，春日凝 妆 上 翠楼。

hū jiàn mò tóu yáng liǔ sè huǐ jiào fū xù mì fēng hóu
忽见陌②头 杨柳色，悔教夫婿觅封侯。

注释

① 闺怨：少妇的幽怨。闺，借指女子。一般指少女或少妇。

② 陌：小路。

拓展

王昌龄（698—756），字少伯，河东晋阳（今山西省太原市）人。盛唐著名边塞诗人，后人誉为"七绝圣手"。早年贫贱，困于农耕，而立之年，始中进士。其诗以七绝见长，尤以登第之前赴西北边塞所作边塞诗最著，有"诗家夫子王江宁"之誉（亦有"诗家天子王江宁"的说法）。

清·周笠《山水画》

77　闺意献 张 水部①

guī yì xiàn zhāng shuǐ bù

táng　zhū qìng yú

［唐］朱 庆馀

　　如果仅是"闺意"之作,这首诗已经表达得非常生动具体了,但作者的本意不在于此。他将自己比作这位即将见公婆的新娘,而自己即将到来的考试就是拜见公婆。诗人认为自己为了考试已经准备了很长时间,但不知道自己准备得到底怎么样,能不能考得上。只能悄悄地写这样一首诗给张籍,问问自己的文采到底行不行。此诗以新妇自比,以新郎比张籍,以公婆比主考官,借以征求张籍的意见。全诗选材新颖,视角独特。

dòng fáng　zuó yè tíng hóng zhú　　dài xiǎo táng qián bài jiù gū

洞 房②昨夜停 红 烛③,待 晓 堂 前 拜 舅 姑④。

zhuāng bà dī shēng wèn fū xù　　huà méi shēn qiǎn rù shí wú

妆 罢低 声 问夫婿,画眉 深 浅入时无⑤。

注 释

① 张水部:即张籍(约772—约830),曾任水部员外郎。

② 洞房:新婚卧室。

③ 停红烛:让红烛通宵点着。

④ 舅姑:指公婆。

⑤ 入时无:这里借喻文章是否合适。

拓 展

　　朱庆馀,生卒年不详,名可久,以字行,越州(今浙江省绍兴市)人。唐敬宗宝历二年(826)进士,官至秘书省校书郎,作《闺意献张水部》作为参加进士考试的"通榜",增加中进士的机会。据说张籍读后大为赞赏,写诗回答他说:"越女新装出镜心,自知明艳更沉吟。齐纨未足时人贵,一曲菱歌值万金。"于是朱庆馀声名大振。

78　逢入京使①

féng rù jīng shǐ

[唐]岑　参

táng cén shēn

　　这首七言绝句，不事雕琢，语言简洁自然，感情真挚，深入人心，将深沉的情感凝练在泪沾衣襟和托乡人捎口信这两个动作中，语约而义丰，让人回味无穷。

故园 东 望路漫漫②，双 袖龙 钟③泪不干。

gù yuán dōng wàng lù màn màn　　shuāng xiù lóng zhōng　lèi bù gān

马 上 相 逢无纸笔，凭君 传 语报 平安。

mǎ shàng xiāng féng wú zhǐ bǐ　píng jūn chuán yǔ bào píng ān

注 释

① 入京使：进京的使者。
② 漫漫：形容路途十分遥远。
③ 龙钟：涕泪淋漓的样子，这里是沾湿的意思。

拓 展

　　岑参（718—769），荆州江陵（今湖北省江陵县）人或南阳棘阳（今河南省新野县东）人，与高适并称"高岑"。唐代宗时，岑参曾任嘉州（今四川省乐山市）刺史，故世称"岑嘉州"。文学创作方面，岑参长于七言歌行，对边塞风光、军旅生活以及异域的文化风俗有亲切的感受，边塞诗尤多佳作。

明·卞文瑜《山水图纸本》

79 夜上受降城^①闻笛

yè shàng shòu xiáng chéng wén dí

[唐] 李 益
táng lǐ yì

面对苍茫的月夜,登上边塞的孤城,沙明如雪,月光似霜,这样的景象是何等的悲凉。乡愁就在芦管的呜咽和寂静的荒沙中油然而生。

回乐烽^②前沙似雪,受降城外月如霜。
huí lè fēng qián shā sì xuě shòu xiáng chéng wài yuè rú shuāng

不知何处吹芦管^③,一夜征人^④尽望乡。
bù zhī hé chù chuī lú guǎn yí yè zhēng rén jìn wàng xiāng

注 释

① 受降城:唐初名将张仁愿为了防御突厥,在黄河以北筑受降城。另有一种说法是,唐太宗贞观二十年(646),唐太宗亲临灵州接受突厥一部的投降,"受降城"之名即由此而来。

② 回乐烽:烽火台名。在西受降城附近。

③ 芦管:笛子。一作"芦笛"。

④ 征人:戍边的将士。

拓 展

李益(约750—约830),字君虞,祖籍凉州姑臧(今甘肃武威市凉州区)。唐代宗大历四年(769)进士,初任郑县尉,久不得升迁。唐德宗建中四年(783),登书判拔萃科。因仕途失意,后弃官在燕赵一带漫游。以边塞诗作名世,擅长绝句,尤其工于七绝。

80 望岳

wàng yuè

táng dù fǔ
[唐] 杜 甫

历代以来，泰山都是百姓崇拜、帝王祭天的神山，甚至有"泰山安，四海皆安"的说法。许多豪情壮志的文人墨客，也爱游历泰山，题词赋诗。其中，杜甫青年时代的一首《望岳》，描写了泰岳雄奇的景观，也袒露了自己豪迈的胸襟。在众多咏泰山诗中，极受推崇。

dài zōng fū rú hé   qí lǔ qīng wèi liǎo
岱 宗 夫 如 何？齐 鲁 青 未 了①。

zào huà   zhōng shén xiù   yīn yáng   gē hūn xiǎo
造化② 钟 神 秀，阴 阳③ 割 昏 晓。

dàng xiōng shēng céng yún   jué zì rù guī niǎo
荡 胸 生 层 云，决 眦 入 归 鸟。

huì dāng líng jué dǐng   yì lǎn zhòng shān xiǎo
会 当 凌 绝 顶，一 览 众 山 小。

注 释

① 青未了：指郁郁苍苍的山色无边无际，浩茫浑涵，难以尽言。青，指苍翠、翠绿的美好山色。未了，不尽，不断。

② 造化：创造与化育。

③ 阴阳：阴指山的北面，阳指山的南面。这里指泰山的南北。

拓 展

杜甫（712—770），字子美，自号少陵野老，世称"杜工部""杜少陵"等，河南府巩县（今河南省巩义市）人。唐代伟大的现实主义诗人，被世人尊为"诗圣"，其诗被称为"诗史"。杜甫与诗仙李白合称"李杜"。他忧国忧民，人格高尚，1400 余首诗留存至今。其诗风沉郁顿挫，在中国古典诗歌中备受推崇，影响深远。

81　江南逢李龟年①

jiāng nán féng lǐ guī nián

táng dù fǔ
[唐]杜　甫

俞陛云评价此诗，余味深长，神韵俱佳。虽然七言绝句中，有不少深含感寄的名篇，如王之涣有"黄河远上白云间"，刘禹锡有"潮打空城寂寞回"，但是相比此诗，俱少跌宕。此诗寄托了盛衰之感，千言万语无从说起，"又逢君"三字中蕴藏着无尽的辛酸。

qí wáng zhái lǐ xún cháng jiàn　cuī jiǔ táng qián jǐ dù wén
岐王②宅里寻常见，崔九③堂前几度闻。

zhèng shì jiāng nán hǎo fēng jǐng　luò huā shí jié yòu féng jūn
正是江南好风景，落花时节又逢君。

注释

①李龟年：唐朝开元、天宝年间（713—756）的著名乐师，擅长唱歌。因为受到皇帝唐玄宗的恩宠而红极一时。"安史之乱"后，李龟年流落江南，以卖艺为生。

②岐王：唐玄宗李隆基的弟弟李隆范（后改名李范）。

③崔九：崔涤，在兄弟中排行第九，中书令崔湜的弟弟。

拓展

清黄生《杜诗说》："今昔盛衰之感，言外黯然欲绝。见风韵于行间，寓感慨于字里。即使龙标（王昌龄）、供奉（李白）操笔，亦无以过。乃知公于此体，非不能为正声，直不屑耳。有目公七言绝句为别调者，亦可持此解嘲矣。"

清·王时敏《仿北宋赵令穰江乡清夏图》

82　送杜少府①之任蜀州②

sòng dù shào fǔ　zhī rèn shǔ zhōu

[唐] 王 勃

táng wáng　bó

王勃赠别知己,写下"海内存知己,天涯若比邻"的诗句。言得一知己,则千里同心,无须伤别。这种豪迈之情与一般的伤别之语不同,隐透出了大唐气象,也令人想起曹植的"丈夫志四海,万里有比邻"。

城 阙③辅④三秦, 风 烟 望 五津。
chéng què fǔ sān qín fēng yān wàng wǔ jīn

与君离别意, 同 是 宦 游人。
yǔ jūn lí bié yì tóng shì huàn yóu rén

海内存知己, 天涯若比邻。
hǎi nèi cún zhī jǐ tiān yá ruò bǐ lín

无为在歧路⑤, 儿女 共 沾巾。
wú wéi zài qí lù ér nǔ gòng zhān jīn

注 释

① 少府:官名。

② 蜀州:今四川省崇州市。

③ 城阙:即城楼,指唐代京师长安城。

④ 辅:护卫。

⑤ 歧路:岔路。古人送行常在大路岔口告别。

拓 展

王勃(650—676),字子安,绛州龙门(今山西省河津市)人。与杨炯、卢照邻、骆宾王齐名,世称"初唐四杰"。唐高宗上元三年(676)八月,自交趾探望父亲返回时,不幸渡海溺水,惊悸而死。王勃在诗歌体裁上擅长五律和五绝,代表作品有《送杜少府之任蜀州》等;主要文学成就是骈文,无论是数量还是质量,堪称一时之最,代表作品有《滕王阁序》等。

83　次①北固山下

[唐] 王 湾

　　诗人一路泛舟东行,将船停泊于北固山下,见青山绿水、潮平岸阔、残夜归雁之景,心中难免涌动思乡之感,此诗融写景、说理、抒情于一体,可谓和谐优美,妙趣横生。

客路②青山外,行舟绿水前。

潮平两岸阔,风正一帆悬③。

海日生残夜,江春入旧年。

乡书④何处达?归雁洛阳边。

注 释

①次:停泊。

②客路:旅途。

③悬:悬挂。

④乡书:家信。

拓 展

　　王湾,生卒年不详,唐代诗人,洛阳人。现存诗10首,其中最著名的是《次北固山下》。

清·石涛《设色山水册》

84 赠孟浩然
zèng mèng hào rán

[唐] 李白
táng lǐ bái

"爱"字贯穿全诗，在诗人笔下，孟夫子风流儒雅，淡泊名利，品格高尚，而这都是其"可爱"之处，诗人对夫子敬慕之情可见一斑。

吾爱孟夫子①，风流天下闻。
wú ài mèng fū zǐ fēng liú tiān xià wén

红颜弃轩冕②，白首卧松云。
hóng yán qì xuān miǎn bái shǒu wò sōng yún

醉月频中圣③，迷花不事君。
zuì yuè pín zhōng shèng mí huā bú shì jūn

高山安可仰，徒此揖④清芬。
gāo shān ān kě yǎng tú cǐ yī qīng fēn

注释

① 孟夫子：指孟浩然。
② 轩冕：古时大夫以上官员的车乘和冕服，借指官位爵禄。
③ 中圣：醉酒。
④ 揖：表达敬意。

拓展

李白（701—762），字太白，号青莲居士，祖籍陇西成纪（今甘肃省天水市附近）。唐朝伟大的浪漫主义诗人，被后人誉为"诗仙"，与杜甫并称为"李杜"。为人爽朗大方，喜饮酒作诗，乐交友。有《李太白集》传世，代表作有《将进酒》《蜀道难》《梦游天姥吟留别》等。

清·石涛《赠刘石头册》

85 清平调①（其一）
qīng píng diào　　qí yī

[唐]李 白
táng　lǐ　bái

提及李太白,有太多太多的故事。"天子呼来不上船,自称臣是酒中仙",他是狂放的。"十步杀一人,千里不留行",他是侠义的。"将进酒,杯莫停",他是豪气的。"长风破浪会有时,直挂云帆济沧海",他是豁达的。读太白诗,或大气磅礴,天马行空;或江湖豪情,侠肝义胆。而这首《清平调(其一)》却是另一番风情。

云想衣裳花想容,春风拂槛②露华浓。
yún xiǎng yī cháng huā xiǎng róng　chūn fēng fú jiàn　lù huá nóng

若非群玉山③头见,会向瑶台④月下逢。
ruò fēi qún yù shān　tóu jiàn　huì xiàng yáo tái　yuè xià féng

注 释

① 清平调:一种歌的曲调。
② 槛:有格子的门窗。
③ 群玉山:神话中的仙山,传说是西王母居住的地方。
④ 瑶台:传说中仙子居住的地方。

拓 展

宋·王灼《碧鸡漫志》:"《松窗杂录》云:开元中,禁中初种木芍药,得四本,红、紫、浅红、通白繁开。上乘照夜白,太真妃以步辇从,李龟年手捧檀板,押众乐前,将欲歌之。上曰:'焉用旧词为?'命龟年宣翰林学士李白立进《清平调》三章,白承诏赋词,龟年以进。上命梨园弟子约格调、抚丝竹,促龟年歌,太真妃笑领歌意甚厚。张君房《脞说》指此为《清平乐》曲。"

86　玉阶怨①

[唐]李 白

说起李白的诗，很多人会觉得风格神采飞扬、豪情万丈，如"登高壮观天地间，大江茫茫去不还"，"烹羊宰牛且为乐，会须一饮三百杯"，这确实是李白的代表作风格，而这首《玉阶怨》可以让我们领略到诗仙的另一面。

玉阶生白露，夜久侵罗袜②。
却③下水晶帘④，玲珑⑤望秋月。

注释

① 玉阶怨：乐府古题，是专写"宫怨"的曲题。郭茂倩《乐府诗集》卷四十三列于《相和歌辞·楚调曲》。

② 罗袜：丝织的袜子。

③ 却：还。

④ 水晶帘：即用水晶石穿制成的帘子。水晶，一作"水精"。

⑤ 玲珑：透明的样子。

拓展

清·俞陛云《诗境浅说》："题为'玉阶怨'，其写怨意，不在表面，而在空际。第二句云露侵罗袜，则空庭之久立可知。第三句云却下晶帘，则羊车之望绝可知。第四句云隔帘望月，则虚帏之孤影可知。不言怨，而怨自深矣。"

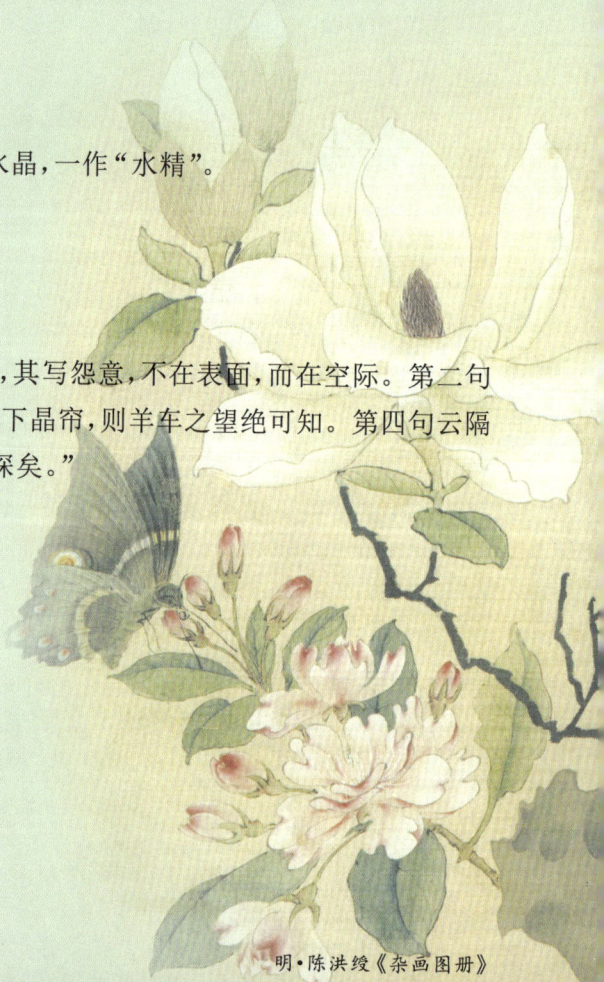

明·陈洪绶《杂画图册》

87　黄鹤楼
huáng hè lóu

[唐] 崔 颢
táng cuī hào

　　诗人登临黄鹤楼，饱览眼前景物，即景作诗，浑然天成，传说李白登黄鹤楼，有人请李白题诗，他说："眼前有景道不得，崔颢题诗在上头。"可见这首诗影响之大。

xī rén yǐ chéng huáng hè qù　cǐ dì kōng yú huáng hè lóu
昔人已乘　黄 鹤 去，此地空余 黄 鹤楼。

huáng hè yí qù bú fù fǎn　bái yún qiān zǎi kōng yōu yōu
黄 鹤一去不复返，白云千载 空 悠悠。

qíng chuān lì lì　hàn yáng shù　fāng cǎo qī qī yīng wǔ zhōu
晴 川 历历①汉阳 树，芳 草萋萋鹦 鹉 洲。

rì mù xiāng guān　hé chù shì　yān bō jiāng shàng shǐ rén chóu
日暮 乡 关②何处是？烟波江 上 使人愁。

注释

① 历历：清楚明白，分明可数。
② 乡关：故乡。

拓展

　　崔颢（704—754），汴州（今河南省开封市）人，唐代诗人。他秉性耿直，才思敏捷。其作品激昂豪放，气势宏伟，著有《崔颢集》。

清·石涛《山水册》

yú wēng
88 渔翁

táng   liǔ zōng yuán
［唐］柳宗元

　　下面这首诗与《江雪》一样，都寄托了诗人自己的情志意趣，不过《江雪》写的是静态，此诗却流畅活泼，生动之至。

yú wēng yè bàng xī yán　sù xiǎo jí　qīng xiāng　rán chǔ zhú
渔翁夜傍西岩①宿，晓汲②清湘③燃楚④竹。

yān xiāo rì chū bú jiàn rén　　ǎi nǎi　　yì shēng shān shuǐ lǜ
烟销日出不见人，欸乃⑤一声山水绿。

huí kàn tiān jì xià zhōng liú　yán shàng wú xīn yún xiāng zhú
回看天际下中流，岩上无心云相逐。

注 释

① 西岩：此诗作于永州。此处指永州的西山。

② 汲：取水。

③ 湘：湘江之水。

④ 楚：西山曾属于楚国。

⑤ 欸乃：象声词，一说指桨声，一说是人长呼之声。

拓 展

　　柳宗元(773—819)，字子厚，唐朝河东(今山西省永济市)人。人称柳河东；又因终于柳州刺史任上，称柳柳州。唐宋八大家之一。柳宗元与韩愈同为中唐古文运动的领袖人物，并称"韩柳"。

清·石涛《山水册》

89 登幽州台①歌

dēng yōu zhōu tái gē

táng chén zǐ áng
[唐] 陈子昂

立于古今之际，便增出一声浩叹。盖古今悠悠无尽，所立者唯一瞬耳，然非豪杰便无此苍茫之叹。立于天地之间，便增出一腔悲慨。盖天地茫茫无垠，所立者唯一锥耳，故大英雄亦有此失路之慨。

qián bú jiàn gǔ rén hòu bú jiàn lái zhě
前②不见古人③，后④不见来者⑤。

niàn tiān dì zhǐ yōu yōu dú chuàng rán ér tì xià
念⑥天地之悠悠⑦，独 怆 然⑧而涕⑨下！

注释

① 幽州台：即黄金台，又称蓟北楼，故址在今北京市大兴区，是燕昭王为招纳天下贤士而建。幽州，古十二州之一，今北京市。

② 前：过去。

③ 古人：古代那些能够礼贤下士的圣君。

④ 后：未来。

⑤ 来者：后世那些重视人才的贤明君主。

⑥ 念：想到。

⑦ 悠悠：形容时间的久远和空间的广大。

⑧ 怆然：悲伤凄恻的样子。

⑨ 涕：古时指眼泪。

拓展

陈子昂（661—702），字伯玉，梓州射洪（今属四川省）人。初唐诗文革新人物之一。因曾任右拾遗，后世称陈拾遗。陈子昂存诗100多首，其诗风骨峥嵘，寓意深远，气势磅礴。其中最有代表性的为组诗《感遇》38首。

明·蓝瑛《山水十开》

90　塞下曲
sài xià qǔ

[唐] 卢纶
táng lú lún

《史记·李将军列传》中这样记载李广："广出猎，见草中石，以为虎而射之中，中石没镞，视之，石也。"记述同一件事，你更喜欢史还是诗呢？

林暗草惊风①，将军夜引弓②。
lín àn cǎo jīng fēng　jiāng jūn yè yǐn gōng

平明③寻白羽④，没在石棱中。
píng míng xún bái yǔ　mò zài shí léng zhōng

注释

① 惊风：突然被风吹动。
② 引弓：拉弓，开弓。这里包含下一步的射箭。
③ 平明：天刚亮的时候。
④ 白羽：箭杆后部的白色羽毛，这里指箭。

拓展

卢纶（739—799），字允言，河中蒲州（今山西省永济市）人。大历十才子之一，唐玄宗天宝末年举进士，遇乱不第；唐代宗时又应举，屡试不第。唐代宗大历六年（771），经宰相元载举荐，授阌乡尉；后由宰相王缙荐为集贤学士，秘书省校书郎，升监察御史。出为陕州户曹、河南密县令。之后元载、王缙获罪，遭到牵连。唐德宗朝，复为昭应县令，出任河中元帅浑瑊府判官，官至检校户部郎中。著有《卢户部诗集》。

110

清·王时敏《仿梅花道人山水》

91 菩萨蛮
pú sà mán

táng wéi zhuāng
［唐］韦 庄

每个人都会经历时间的故事。时间改变着一切,也改变着我们。曾经以为苦的,后来回味出乐;曾经以为暂时离开,后来再也回不去。从那天清晓的别离,到老去他乡的追忆,当漂泊成为宿命,无法释怀的心情,找不到出口的人生困境,他只能把这万般思绪放进一首词中,等待懂他的人细细咀嚼,慢慢回味。

rén rén jìn shuō jiāng nán hǎo yóu rén zhǐ hé jiāng nán lǎo
人人尽说江南好,游人①只合②江南老。

chūn shuǐ bì yú tiān huà chuán tīng yǔ mián
春水碧于天,画船听雨眠。

lú biān rén sì yuè hào wàn níng shuāng xuě
垆边③人似月,皓腕④凝霜雪。

wèi lǎo mò huán xiāng huán xiāng xū duàn cháng
未老莫还乡,还乡须断肠。

注释

① 游人:这里指漂泊江南的人,即作者。

② 合:应当。

③ 垆边:指酒家。垆,旧时酒店用土砌成酒瓮卖酒的地方。《史记·司马相如列传》记载,司马相如妻卓文君长得很美,曾当垆卖酒:"买一酒舍沽就,而令文君当垆。"

④ 皓腕:洁白的手腕。

拓展

韦庄(约 836—910),字端己,长安杜陵(今陕西省西安市长安区杜陵乡)人,是诗人韦应物的四代孙。唐朝花间派词人,词风清丽,有《浣花词》流传。

92 竹枝词①二首（其一）

zhú zhī cí   èr shǒu   qí yī

táng liú yǔ xī
[唐] 刘禹锡

俗话说："十里不同风，百里不同俗。"地域不同，文化的形态就会别具特色，竹枝词就代表着蜀地文化的印记，是一缕抹不去的"乡愁"。

yáng liǔ qīng qīng jiāng shuǐ píng wén láng jiāng shàng tà gē shēng
杨 柳 青 青 江 水 平， 闻 郎 江 上 踏 歌 声。

dōng biān rì chū xī biān yǔ   dào shì wú qíng què yǒu qíng
东 边 日 出 西 边 雨， 道 是 无 晴 却 有 晴②。

注 释

① 竹枝词：乐府近代曲名，又名《竹枝》。原为四川东部一带民歌，唐代人刘禹锡根据民歌创作新词，多写男女爱情和三峡的风情，流传甚广。后代诗人多以《竹枝词》为题写爱情和乡土风俗。其形式为七言绝句。

② 晴：与"情"谐音。《全唐诗》中也写作"情"。

拓 展

刘禹锡（772—842），字梦得，祖籍河南洛阳，生于河南郑州荥阳。唐德宗贞元九年（793）进士及第，后曾参与"永贞革新"。革新失败后，屡遭贬谪。刘禹锡诗文俱佳，与柳宗元并称"刘柳"，与韦应物、白居易合称"三杰"，并与白居易合称"刘白"。因其诗风豪迈，人称"诗豪"，著有《刘宾客集》。

清·查士标《山水图》

93 生 查子①
shēng zhā zǐ

[五代] 牛希济
wǔ dài   niú xī jì

　　欢迎总是伴随着一抹微笑,离别却伴随着一声叹息。每一次的离别都有一个故事,或激情燃烧,或惊心动魄。"山盟虽在,锦书难托"是陆游和唐琬之间痛彻心扉的离别。"海内存知己,天涯若比邻"是文人之间豪迈的离别。下面这首词写一对情侣拂晓惜别的依依之情,是五代词中写离情的名篇,结尾尤为人称道。

春 山 烟 欲 收②,天 澹 星 稀 小。
chūn shān yān yù shōu   tiān dàn xīng xī xiǎo

残 月 脸 边 明,别 泪 临③ 清 晓④。
cán yuè liǎn biān míng bié lèi lín   qīng xiǎo

语 已 多,情 未 了,回 首 犹 重 道⑤。
yǔ yǐ duō qíng wèi liǎo   huí shǒu yóu chóng dào

记 得 绿 罗 裙⑥,处 处 怜 芳 草。
jì de lù luó qún   chù chù lián fāng cǎo

注 释

① 生查子:词牌名。
② 烟欲收:山上的雾气正开始收敛。
③ 临:接近。
④ 清晓:黎明。
⑤ 重道:再次说。
⑥ 罗裙:丝罗制的裙子。多泛指女孩衣裙。

拓 展

　　牛希济(约872—?),陇西人。词人牛峤之侄。早有文名,流寓于蜀时,为前蜀主王建所赏识,后累官翰林学士、御史中丞。925年,随前蜀主降于后唐。五代花间派词人,词风清新自然,近于韦庄,今存其词14首,收于《花间集》。

94 塞上

sài shàng

sòng liǔ kāi
[宋] 柳 开

　　天静无风，一支响箭直上云霄，三百骑兵一时驻马仰视，在这幅充满飒爽之气的画面中，诗人一腔侠义之情表现得淋漓尽致，读者可以想象颇有英雄豪气的诗人形象。

míng xiāo zhí shàng yì qiān chǐ tiān jìng wú fēng shēng gèng gān
鸣 骹①直 上 一 千 尺，天 静 无 风 声 更 干。

bì yǎn hú ér sān bǎi jì　　jìn tí　jīn lè　xiàng yún kàn
碧 眼 胡 儿 三 百 骑②，尽 提③金 勒④向 云 看。

注释

① 骹：同"鸣髇"，也叫"鸣镝"，一种发出响声的箭。
② 骑：一人一马为一骑。
③ 提：提收，提控。这里指拉紧马的缰绳。
④ 金勒：金属制作、装饰的带有嚼口的马笼头。

拓展

　　柳开（947—1000），原名肩愈，字绍先（一作绍元），号东郊野夫，后改名开，字仲涂，号补亡先生，大名（今属河北省）人。北宋散文家，开宝六年（973）进士，历任州、军长官，殿中侍御史，提倡韩愈、柳宗元的散文，以复兴古道、述作经典自命。反对宋初的华靡文风，为宋代古文运动倡导者。

清·杨晋《仿古山水十二开》

95 淮^①中晚泊犊头

huái zhōng wǎn bó dú tóu

sòng　sū shùn qīn
[宋]苏舜钦

《诗品》曾言:超以象外,得其寰中。春阴古祠下,满川风雨中,我们应体会诗人怡然自若、超然物外的心境。

chūn yīn chuí yě cǎo qīng qīng　shí yǒu yōu huā　yí shù míng
春阴垂野草青青,时有幽花^②一树明。

wǎn bó gū zhōu gǔ cí xià　mǎn chuān　fēng yǔ kàn cháo shēng
晚泊孤舟古祠下,满川^③风雨看潮生。

注释

① 淮:淮河。
② 幽花:幽静偏僻之处的花。
③ 满川:满河。

拓展

苏舜钦(1008—1048),字子美,祖籍梓州铜山(今四川省中江市),曾祖时迁至开封(今属河南)。北宋词人,曾任县令、大理评事、集贤殿校理、监进奏院等职位。

清•王时敏《仿赵文敏山水》

115

96 春日
chūn rì

sòng qín guān
[宋]秦 观

　　春天百花盛开，每个诗人都会找到属于自己的那一朵花。在春日里，仔细寻找生活中的美，你的世界才会诗意盎然。

yì xī qīng léi luò wàn sī　jì guāng fú wǎ bì cēn cī
一夕轻雷落万丝，霁 光①浮瓦②碧参差③。
yǒu qíng sháo yào hán chūn lèi　wú lì qiáng wēi wò xiǎo zhī
有 情 芍 药 含 春泪，无力 蔷 薇 卧 晓 枝。

注释

① 霁光：雨天之后明媚的阳光。
② 浮瓦：晴光照在瓦上。
③ 参差：高低错落的样子。

拓展

　　秦观（1049—1100），字少游，一字太虚，号邗沟居士，学者称淮海先生，扬州高邮（今属江苏省）人。北宋词人，曾任秘书省正字、国史院编修官等职。文辞为苏轼所赏识，为"苏门四学士"之一。

论诗三十首·二十四
[金]元好问

有情芍药含春泪，无力蔷薇卧晚枝。
拈出退之山石句，始知渠是女郎诗。

南宋·马远《白蔷薇图页》

97 示三子
shì sān zǐ

[宋] 陈师道
sòng chén shī dào

诗人与妻小分别四年之后,再次相见。诗人思亲、见亲的内心感受是怎样的呢?这首诗语言浅显质朴,饱含深情。细细品读文中最后一句,感悟诗人与亲人团聚的欣喜与忐忑。

去远即相忘,归近不可忍。
qù yuǎn jí xiāng wàng guī jìn bù kě rěn

儿女已在眼,眉目略不省。
ér nǚ yǐ zài yǎn méi mù luè bù xǐng

喜极不得语,泪尽方一哂①。
xǐ jí bù dé yǔ lèi jìn fāng yì shěn

了知②不是梦,忽忽③心未稳。
liǎo zhī bú shì mèng hū hū xīn wèi wěn

注 释

① 哂:微笑。
② 了知:确实知道。
③ 忽忽:恍惚不定貌。

拓 展

陈师道(1053—1102),字履常,一字无己,号后山居士,彭城(今江苏省徐州市)人。北宋诗人,元祐初苏轼等人举荐为官,起初为徐州教授,历仕太学博士、颖州教授、秘书省正字。他一生安贫乐道,闭门苦吟,有"闭门觅句陈无己"之称。

98 春游湖

chūn yóu hú

sòng xú fǔ
[宋] 徐 俯

　　春雨断桥，柳荫深处，悠悠撑出一只小船，如"山重水复疑无路，柳暗花明又一村"的惊喜，使得这次春游更富有情趣了。

shuāng fēi yàn zǐ jǐ shí huí　jiá àn táo huā zhàn shuǐ kāi
双 飞燕子几时回？夹岸桃花 蘸 水①开。

chūn yǔ duàn qiáo rén bú dù　xiǎo zhōu chēng chū liǔ yīn lái
春雨断 桥②人不度③，小舟 撑 出柳阴来。

注释

① 蘸水：贴着水面开放。
② 断桥：指湖水漫过桥面。
③ 度：通"渡"，走过。

拓展

　　徐俯（1075—1141），字师川，自号东湖居士，原籍洪州分宁（江西省修水县）人。宋代江西诗派著名诗人之一。

元·盛昌年《柳燕图》

99 剑门道中遇微雨
jiàn mén dào zhōng yù wēi yǔ

sòng lù yóu
[宋] 陆 游

这是一首广为传颂的名作，诗情画意，十分动人。诗中形象耐人寻味，正如前人所言："状难写之景如在目前，含不尽之意见于言外。"

yī shàng zhēng chén zá jiǔ hén yuǎn yóu wú chù bù xiāo hún
衣上征尘杂酒痕，远游无处不消魂①。

cǐ shēn hé shì shī rén wèi xì yǔ qí lú rù jiàn mén
此身合②是诗人未③？细雨骑驴入剑门。

注释

① 消魂：心情沮丧得好像丢了魂似的，神情恍惚。形容非常悲伤或愁苦。
② 合：应该。
③ 未：表示发问。

拓展

陆游（1125—1210），字务观，号放翁，越州山阴（今浙江省绍兴市）人。南宋文学家、史学家、爱国诗人，尚书右丞陆佃之孙。陆游生逢北宋灭亡之际，少年时即深受家庭爱国思想的熏陶。

临安春雨初霁
[宋] 陆 游

世味年来薄似纱，谁令骑马客京华。
小楼一夜听春雨，深巷明朝卖杏花。
矮纸斜行闲作草，晴窗细乳戏分茶。
素衣莫起风尘叹，犹及清明可到家。

119

清·王鉴《仿古山水》

100 卜算子·咏梅

bǔ suàn zǐ yǒng méi

[宋] 陆 游

sòng lù yóu

"过时自合飘零去，耻向东君更乞怜"，一株梅花孑然站在风雨里，即使无人过问，也坚强无畏，花开自在，如故知，如旧友，细水长流，不离不弃。真想走在树下，闻着淡淡的花香，感受零落成泥的孤勇。

驿外①断桥边，寂寞开无主。已是黄昏独自愁，更著风和雨。

yì wài duàn qiáo biān jì mò kāi wú zhǔ yǐ shì huáng hūn dú zì chóu gèng zhuó fēng hé yǔ

无意苦争春，一任群芳妒。零落②成泥碾③作尘，只有香如故。

wú yì kǔ zhēng chūn yí rèn qún fāng dù líng luò chéng ní niǎn zuò chén zhǐ yǒu xiāng rú gù

注 释

① 驿外：指荒僻、冷清之地。驿，驿站，供驿马或官吏中途休息的专用建筑。
② 零落：凋谢，陨落。
③ 碾：轧烂，压碎。

拓 展

陆游一生酷爱梅花，将其作为一种精神的载体来倾情歌颂，梅花在他的笔下成了一种坚贞不屈的形象的象征。其《卜算子·咏梅》正是以梅寄志的代表。那"零落成泥碾作尘，只有香如故"的梅花，正是诗人一生对恶势力不懈的抗争精神，对理想坚贞不渝的品格的形象写照。

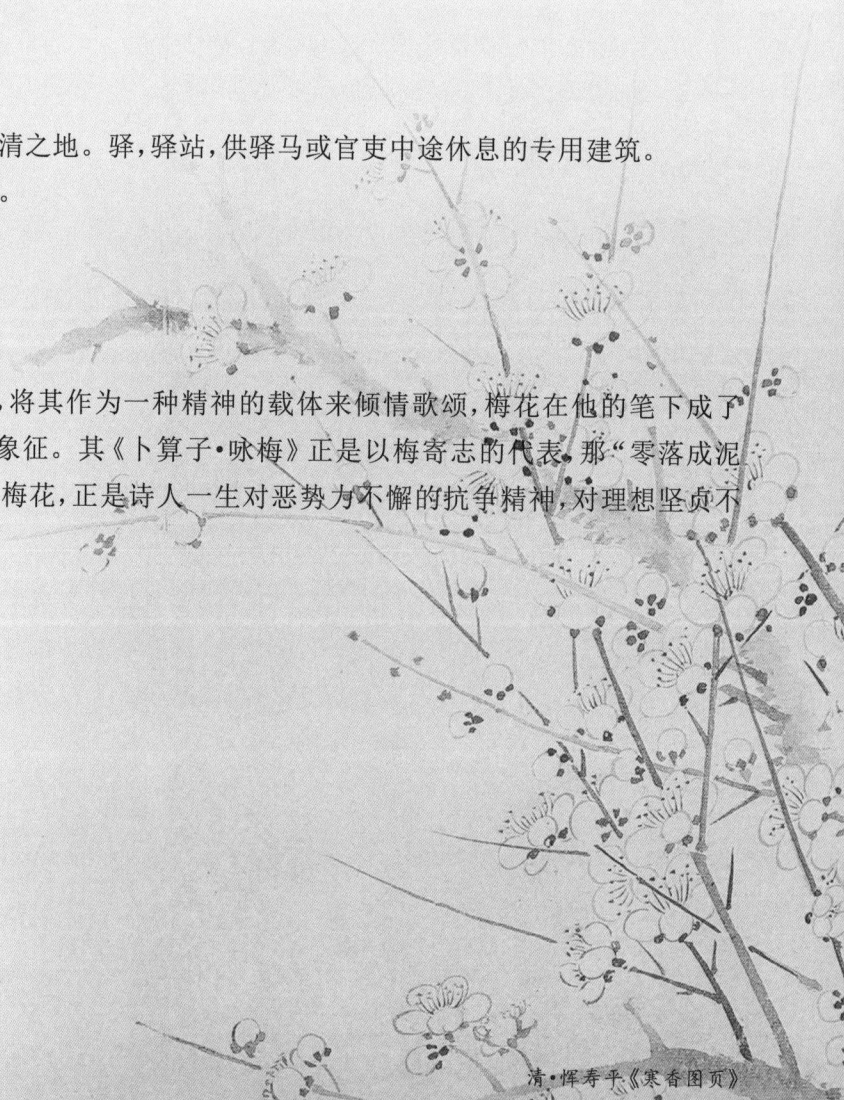

清·恽寿平《寒香图页》

101 蝶恋花
dié liàn huā

［宋］欧阳修
sòng ōu yáng xiū

在深深庭院中，人们仿佛看到了一颗孤独忧伤的心灵。"乱红"飞过青春嬉戏的地方。在泪光盈盈之中，花如人，人如花，花、人莫辨。

庭院深深深几许①，杨柳堆烟②，帘幕无重数。玉勒雕鞍③游
tíng yuàn shēn shēn shēn jǐ xǔ   yáng liǔ duī yān   lián mù wú chóng shù   yù lè diāo ān   yóu

冶处，楼高不见章台路。
yě chù   lóu gāo bú jiàn zhāng tái lù

雨横风狂三月暮，门掩黄昏，无计留春住。泪眼问花花不
yǔ héng fēng kuáng sān yuè mù   mén yǎn huáng hūn   wú jì liú chūn zhù   lèi yǎn wèn huā huā bù

语，乱红飞过秋千去。
yǔ   luàn hóng fēi guò qiū qiān qù

注 释

① 几许：多少。许，估计数量之词。

② 堆烟：形容杨柳浓密。

③ 雕鞍：精雕的马鞍。

拓 展

欧阳修（1007—1072），字永叔，号醉翁，晚号六一居士。北宋政治家、文学家、史学家，与韩愈、柳宗元、王安石、苏洵、苏轼、苏辙、曾巩合称"唐宋八大家"。后人又将其与韩愈、柳宗元和苏轼合称"千古文章四大家"。

生查子·元夕

［宋］欧阳修

去年元夜时，花市灯如昼。

月上柳梢头，人约黄昏后。

今年元夜时，月与灯依旧。

不见去年人，泪湿春衫袖。

明·蓝瑛《山水十开》

102 卜算子
bǔ suàn zǐ

［宋］李之仪
sòng lǐ zhī yí

流不尽悠悠长江水，道不完绵绵相思意，隔不绝与君相守情。江头江尾的间隔虽远，有情人心间距离却近，愿江水长流情常在，与君相守不分离。

我住长江头，君住长江尾。日日思君不见君，共饮长江水。

此水几时休①，此恨何时已②。只愿君心似我心，定不负相思意。

注释

① 休：停止。

② 已：完结，停止。

拓展

李之仪（1048—1117），字端叔，自号姑溪居士、姑溪老农，滨州无棣人。北宋词人，北宋崇宁二年（1103），李之仪被贬到太平州，祸不单行，事业受到沉重打击，家人连遭不幸，子女和夫人相继去世，李之仪跌落到了人生的谷底。这时杨姝与李之仪偶遇，弹起《履霜操》，击中李之仪心中的痛处。李之仪把杨姝当知音，接连写下几首听她弹琴的诗词。这年秋天，李之仪携杨姝来到长江边，思绪万千，面对悠悠长江水，心中涌起万般柔情，写下了这首千古流传的词作。

清·王鉴《仿古山水》

103 一剪梅
yì jiǎn méi

[宋] 李清照
sòng lǐ qīng zhào

从前的日子很慢,等信的时光总是煎熬而美好的。词人独自咀嚼着别情,独自排遣着愁绪。月虽满,人未圆,绵绵之愁,挥之不去,眉间心头尽是相思。

红藕①香残玉簟②秋。轻解罗裳③,独上兰舟。云中谁寄锦书来?雁字回时,月满西楼。

花自飘零水自流。一种相思,两处闲愁。此情无计可消除,才下眉头,却上心头。

注 释

① 红藕:红色的荷花。
② 玉簟:光滑似玉的精美竹席。
③ 裳:古人穿的下衣,也泛指衣服。

拓 展

李清照(1084—1155),号易安居士,山东省济南章丘人。宋代(南北宋之交)词人,婉约词派代表,有"千古第一才女"之称。所作词,前期多写其悠闲生活,后期多悲叹身世,情调感伤。她作词多用白描手法,语言清丽浅近,论词强调协律,崇尚典雅,提倡"词别是一家"之说,反对以作诗文之法作词。有《易安居士文集》《易安词》,后人有《漱玉词》辑本。

清·吴应贞《荷花图》

104 一剪梅·舟过吴江①

yì jiǎn méi　zhōu guò wú jiāng

sòng　jiǎng　jié
[宋] 蒋　捷

一片春愁连绵不断。这思绪因何而发，这春愁缘何而生。逐浪起伏的船正向前划动，乘舟的人也动荡漂泊，怎奈风骤雨急阻了归路。华年易逝，青春易老，春去夏来，流光无声，染红了樱桃，浸绿了芭蕉。

yí piàn chūn chóu dài jiǔ jiāo　jiāng shàng zhōu yáo　lóu shàng lián zhāo　qiū niáng dù yǔ tài
一片春愁待酒浇。江上 舟摇，楼上 帘招②。秋娘渡与泰

niáng qiáo　fēng yòu piāo piāo　yǔ yòu xiāo xiāo
娘 桥，风又飘飘，雨又萧萧。

hé rì guī jiā xǐ kè páo　yín zì shēng　tiáo xīn zì xiāng　shāo　liú guāng róng yì bǎ rén
何日归家洗客袍，银字 笙③调，心字 香④烧。流光 容易把人

pāo hóng le yīng táo　lù le bā jiāo
抛，红了樱桃，绿了芭蕉。

注释

① 吴江：今隶属江苏省苏州市，位于江苏省东南部。
② 帘招：指酒旗。
③ 银字笙：管乐器的一种。
④ 心字香：熏炉里心字形的香。

拓展

风入松
[宋] 吴文英

听风听雨过清明。愁草瘗花铭。楼前绿暗分携路，一丝柳、一寸柔情。料峭春寒中酒，交加晓梦啼莺。

西园日日扫林亭。依旧赏新晴。黄蜂频扑秋千索，有当时、纤手香凝。惆怅双鸳不到，幽阶一夜苔生。

北宋·赵佶《梅花绣眼图页》

105 天净沙·秋
tiān jìng shā qiū

[元] 白 朴
yuán bái pǔ

谁说秋日只萧瑟？看青山隐隐，绿水悠悠，白草绵绵，红叶片片，黄花朵朵，秋天也可以是五颜六色、多彩多姿的。

孤村落日残霞①，轻烟老树寒鸦，一点飞鸿②影下。青山绿水，
（gū cūn luò rì cán xiá，qīng yān lǎo shù hán yā，yì diǎn fēi hóng yǐng xià。qīng shān lù shuǐ）

白草③红叶黄花④。
（bái cǎo hóng yè huáng huā）

注 释

① 残霞：快消散的晚霞。
② 飞鸿：天空中的鸿雁。
③ 白草：枯萎而不凋谢的白草。
④ 黄花：菊花。

拓 展

白朴（1226—约1306），原名恒，字仁甫，后改名朴，字太素，号兰谷。祖籍陕州（今山西省河曲附近），后徙居真定（今河北省正定县），晚岁寓居金陵（今南京市），终身未仕。元代著名的散曲与杂剧作家，作品以绮丽婉约见长。他与关汉卿、马致远、郑光祖并称"元曲四大家"。代表作有《唐明皇秋夜梧桐雨》《裴少俊墙头马上》《董月英花月东墙记》等。

清·王愫《山水画》

106 天净沙·秋思
tiān jìng shā qiū sī

[元] 马致远
yuán mǎ zhì yuǎn

　　一个萧瑟的季节，一条悠长的古道，一位满面愁容的长者，陪伴他的是枯萎的藤，是风烛残年的树，是哀鸣的乌鸦，是吹尽西风的瘦马。路途跋涉下早已千疮百孔的心，也渴望那温馨静谧的小桥，流水，人家。

枯藤老树昏鸦①，小桥流水人家，古道②西风瘦马。夕阳西下，
kū téng lǎo shù hūn yā　xiǎo qiáo liú shuǐ rén jiā　gǔ dào xī fēng shòu mǎ　xī yáng xī xià

断肠人在天涯③。
duàn cháng rén zài tiān yá

注释

① 昏鸦：黄昏时归巢的乌鸦。昏，傍晚。
② 古道：已经废弃不堪再用的古老驿道（路）或年代久远的驿道。
③ 天涯：远离家乡的地方。

拓展

　　马致远（1250—1321），字千里，号东篱。元代著名戏剧家、散曲家。马致远年轻时热衷功名，无奈元朝统治者实行民族高压政策，他也因此而郁郁不得志，一生漂泊无定、困窘潦倒。于是在羁旅途中，写下了这首《天净沙·秋思》。

明·唐寅《山水人物册》

107 山寺早起
shān sì zǎo qǐ

〔元〕刘 因
yuán liú yīn

韶华易逝，春景难留，时光就像手中的沙，在指缝间悄然流失。暮春时节，也许只有满地的落花能证明曾经春日里的鲜艳明媚吧！

松 窗①一夜远 潮 生，断 送 幽人②睡失明。
sōng chuāng yí yè yuǎn cháo shēng duàn sòng yōu rén shuì shī míng

梦 觉不知春已去，半帘 红雨③落无声。
mèng jué bù zhī chūn yǐ qù bàn lián hóng yǔ luò wú shēng

注 释

① 松窗：临松之窗。
② 幽人：幽隐之人，隐士。
③ 红雨：比喻落花。

拓 展

刘因（1249—1293），字梦吉，号静修，雄州容城（今河北省容城县）人。元代著名理学家、诗人。少有才名，性不苟合。学宗程朱，而兼采陆九渊之说。因爱诸葛亮"静以修身"之语，题所居为"静修"。元世祖至元十九年（1283），征召入朝，为承德郎、右赞善大夫。有《静修文集》。

明·蓝瑛《山水十开》

108　五月十九日大雨
wǔ yuè shí jiǔ rì dà yǔ

míng　liú　jī
［明］刘　基

飘风不终朝，骤雨不终日。雷雨肆虐之际，不要焦虑，不要惧怕，让我们静待天晴之后的草木青翠，万蛙齐鸣。

fēng qū　jí yǔ　sǎ gāo chéng yún　yā qīng léi yīn　dì shēng
风 驱①急雨②洒高 城，云③压轻雷殷④地声。

yǔ guò bù zhī lóng qù chù　yì chí　cǎo sè wàn wā míng
雨过不知龙去处，一池⑤草色万 蛙鸣。

注 释

① 驱：驱使。
② 急雨：骤雨。
③ 云：这里指乌云。
④ 殷：震动。
⑤ 池：池塘。

拓 展

刘基（1311—1375），字伯温，浙江青田（今浙江省文成县）人。元末明初政治家、文学家，元至顺进士，后受朱元璋礼聘，辅佐其平定天下，成为明朝开国元勋。其诗文古朴雄放，与宋濂、高启并称"明初诗文三大家"。著作均收入《诚意伯文集》。

明·唐寅《山水人物册》

109 寻^①胡隐君^②

xún hú yǐn jūn

míng gāo qǐ
[明] 高 启

一道道水,一簇簇花,沉醉于如此悠闲的美景,倒也不觉寻友路途的遥远了。
亦如人生之路漫漫,我们不妨放慢前行的脚步,且行且赏,不负沿途明媚春光。

dù shuǐ fù dù shuǐ   kàn huā hái kàn huā
渡水复渡水,看花还看花。

chūn fēng jiāng shàng lù   bù jué dào jūn jiā
春 风 江 上 路,不觉到君家。

注释

① 寻:拜访,访问。
② 胡隐君:姓胡的隐士。

拓展

　　高启(1336—1374),字季迪,号槎轩,长洲(今江苏省苏州市)人,元末隐居吴淞青丘(今江苏省吴县),自号青丘子,明代成就最高的诗人之一。高启的诗歌爽朗飘逸,由情而发,多为写实之词,著有《高太史大全集》。

清·王武《花卉册》

110 刘伯川席上
liú bó chuān xí shàng

[明]杨士奇
míng yáng shì qí

梅花,傲然高洁,暗香沁人。踏雪寻梅,更是别有一番风趣。为了雪日里独有的那一抹暗香,路途遥远又如何,寒气入骨又如何!

飞雪初停酒未消,溪山深处踏琼瑶①。
fēi xuě chū tíng jiǔ wèi xiāo　xī shān shēn chù tà qióng yáo

不嫌寒气侵入骨,贪看梅花过野桥。
bù xián hán qì qīn rù gǔ　tān kàn méi huā guò yě qiáo

注释

① 琼瑶:比喻似玉的雪。

拓展

杨士奇(1365—1444),初名寓,字士奇,号东里,吉安府泰和县(今江西省泰和县澄江镇)人。明初重臣、学者。建文帝时受召修撰《明太祖实录》,授翰林院编修。他先后历经五朝,任内阁辅臣四十余年,与杨荣、杨溥并称台阁"三杨",他们的诗文"颂圣德,歌太平""施政教,适性情",因此有"台阁体"之称。由于台阁体诗文多为应制、题赠、应酬而作,艺术上追求平正典雅,故内容大多比较贫乏。

南宋·马麟《梅竹图页》

集 部

chÁng é

111 嫦娥

míng biān gòng
［明］边 贡

　　高居月宫之上的桂花开得再浓香明媚，也只有孤单的嫦娥仙子攀折欣赏。云儿愿为一只鸟，鸟儿愿为一朵云。患得患失的世人啊，浑然不知自己亦是生活在别人的理想之中。

yuè gōng qīng lěng guì tuán tuán suì suì huā kāi zhǐ zì pān
月 宫 清 冷 桂 团 团，岁 岁 花 开 只 自 攀^①。

gòng zài rén jiān shuō tiān shàng bù zhī tiān shàng yì rén jiān
共 在 人 间 说 天 上，不 知 天 上 忆 人 间。

注释

①攀：摘取，折。

拓展

　　边贡（1476—1532），字庭实，自号华泉子，历城（今山东省济南市）人。明代著名诗人、文学家，官至太常丞。边贡与李梦阳、何景明、徐祯卿并称"弘治四杰"，后来又加上康海、王九思、王廷相，合称为明代文学"前七子"。

131

宋·王诜《玉楼春思图》

112 枕石
zhěn shí

míng gāo pān lóng
[明]高攀龙

宋代严羽曾在《沧浪诗话》中盛赞唐诗作"如空中之音,相中之色,水中之乐,镜中之像,言有尽而意无穷",这就是著名的"以禅喻诗"。唐诗中富含禅趣者不乏佳作,其中以"水"与"云"为主要意象的诸如杜甫的"水流心不竞,意在云俱迟",王维的"行到水穷处,坐看云起时"俱为名句。明代许多诗人主张"诗必盛唐",写下了诸多颇具盛唐风格的诗作。高攀龙的《枕石》中"水"与"云",即可与王杜诗参读。

xīn tóng liú shuǐ jìng   shēn yǔ bái yún qīng
心 同 流 水 净, 身 与 白 云 轻。
jì jì shēn shān mù   wēi wén zhōng qìng   shēng
寂 寂 深 山 暮, 微 闻 钟 磬①声。

注 释

① 钟磬:钟和磬,古代礼乐器。

拓 展

高攀龙(1562—1626),字存之,又字云从,南直隶无锡(今江苏省无锡市)人,世称"景逸先生"。明朝政治家、思想家,东林党领袖,"东林八君子"之一,建立十七年(1589)进士,历任光禄寺丞、太仆卿、都察院左都御史等职。著有《高子遗书》等。

明·蓝瑛《溪山话旧图》

113 夜泉
yè quán

míng yuán zhōng dào
[明]袁中道

　　倾泻而下的月色为山间蒙上了一层朦胧的洁白,清脆的鸟鸣更显山间寂静。浸染了月色的溪水仿佛一条铺地的雪练在山间流淌,与李白笔下的"疑是银河落九天"有异曲同工之妙。

shān bái niǎo hū míng shí lěng shuāng yù jié
山 白①鸟忽鸣,石冷 霜 欲结②。
liú quán dé yuè guāng huà wéi yì xī xuě
流 泉 得月 光 ,化 为一溪雪。

注 释

① 白:明亮。
② 结:凝结。

拓 展

　　袁中道(1570—1623),字小修,明荆州府公安人。万历四十四年(1616)进士,官至南京吏部郎中。与兄袁宗道、袁宏道并称"公安三袁"。著有《珂雪斋集》。

清·王鉴《山水清音图册》

114 汉文名言二则
hàn wén míng yán èr zé

古代帝王颁发的文件为诏令，大臣向皇帝进呈奏章称表疏，吏民百姓上呈言事叫上书……这些古代文体名称里蕴含着丰富的礼仪文化，演变至今我们也就有了请柬、祝词、贺信、题辞、祭文等。

gài yǒu fēi cháng zhī gōng bì dài fēi cháng zhī rén
盖有非常之功，必待非常之人。

——汉·刘彻《武帝求茂才①异等②诏》

zhū yù jīn yín jī bù kě sì hán bù kě yì
珠玉金银，饥不可食③，寒不可衣④。

——汉·晁错《论贵粟疏》

注释

① 茂才：西汉称秀才，东汉避汉光武帝刘秀之讳改称茂才，又常称作"茂才异等"。此处指优秀的人才。

② 异等：才能出类拔萃的人。

③ 食：给人吃。

④ 衣：给人穿。

译文

要建立非同一般的事业，必须依靠特殊的人才。

珠玉金银这些东西，饿了不能当饭吃，冷了不能当衣穿。

拓展

晁错（前200—前154），颍川（今河南省禹州市）人。西汉政治家、文学家。其政论文"疏直激切，尽所欲言"，鲁迅称为"西汉鸿文，沾溉后人，其泽甚远"。代表作有《言兵事疏》《守边劝农疏》《论贵粟疏》《贤良对策》。

宋·郭熙《窠石平远图》

115　兰亭集序（节选）
lán tíng jí xù　jié xuǎn

jìn wáng xī zhī
［晋］王羲之

　　《兰亭集序》不仅是著名的书法作品，还是出色的文学作品，疏朗简净而韵味深长，代表了王羲之的散文风格。下面节选的部分，记述了永和九年（353）"书圣"王羲之与友人一起春游的所见所感。

　　是日也，天朗气清，惠风①和畅②。仰观宇宙之大，俯察品类之盛③，所以④游目骋⑤怀，足以极⑥视听之娱，信⑦可乐也。

注 释

① 惠风：和风。
② 和畅：缓和。
③ 品类之盛：万物的繁多。品类，指自然界的万物。
④ 所以：用来。
⑤ 骋：使……奔驰。
⑥ 极：穷尽。
⑦ 信：实在。

译 文

　　这一天，天气晴朗，和风习习。抬头纵观广阔的天空，俯瞰观察大地上繁多的万物，用来舒展眼力，开阔胸怀，足够来极尽视听的欢娱，实在很快乐。

拓 展

　　王羲之（约303—约361），字逸少，祖籍琅琊（今属山东省临沂市）。东晋时期著名书法家，有"书圣"之称。曾为会稽内史，领右将军，人称"王右军"。其书法广采众长，备精诸体，自成一家，影响深远。其代表作《兰亭序》被誉为"天下第一行书"。在书法史上，他与其子王献之合称为"二王"。

明·钱贡《兰亭诗序图卷》

116 师说（节选）
shī shuō   jié xuǎn

[唐] 韩 愈
táng hán yù

　　教师是人类文明的传播者，尊师重教是中华民族的传统美德。两千年前荀子就指出"国将兴，必贵师而重傅"。意思是国家要想振兴，必须从尊重老师做起。唐代韩愈写下了著名的《师说》一文，指出了师者重任——传道，授业，解惑。

古之学者①必有师。师者，所以传道②受③业④解惑⑤也。人非生而
gǔ zhī xué zhě bì yǒu shī shī zhě suǒ yǐ chuán dào shòu yè jiě huò yě rén fēi shēng ér

知之者⑥，孰能无惑？惑而不从师，其为惑也⑦，终不解矣。
zhī zhī zhě shú néng wú huò huò ér bù cóng shī qí wéi huò yě zhōng bù jiě yǐ

注 释

① 学者：求学的人。
② 道：指儒家之道。
③ 受：通"授"，传授。
④ 业：学业。
⑤ 惑：疑难问题。
⑥ 人非生而知之者：人不是生下来就懂得道理。
⑦ 其为惑也：所存在的疑惑。

译 文

　　古代求学的人必定有老师。老师，是传授道理、教授学业、解释疑难问题的人。人不是一生下来就懂得知识和道理，谁能没有疑惑？有了疑惑，如果不跟老师学习，那些成为困惑的问题，最终也得不到解答。

拓 展

学之经，莫速乎好其人，隆礼次之。

——《荀子》

尊师则不论其贵贱贫富矣。

——《吕氏春秋》

明师之恩,诚为过于天地,重于父母多矣。

——晋·葛洪《勤求》

善之本在教,教之本在师。

——宋·李觏《广潜书》

师道既尊,学风自善。

——清·康有为《政论集》

明·文嘉《石湖秋色图轴》

117 岳阳楼记（节选）

yuè yáng lóu jì jié xuǎn

sòng fàn zhòng yān
[宋] 范仲淹

"洞庭天下水，岳阳天下楼"，岳阳自古以来就是令人神往的江山胜地；岳阳古称巴陵，位于洞庭湖与长江汇合之处，枕山带湖，为巴、蜀、荆、襄之要冲。北宋庆历六年（1046），一代名臣范仲淹应朋友之约，为重修的岳阳楼作记，千古名文《岳阳楼记》于是诞生。不以物喜，不以己悲，心系天下，造福黎民，范公心胸着实令人钦佩！

不以物喜，不以己悲，居庙堂之高则忧其民①，处江湖之远②则忧其君。是进亦忧，退③亦忧。然则何时而乐耶？其必曰"先天下之忧而忧，后天下之乐而乐"乎！

注释

① 居庙堂之高则忧其民：在朝中做官担忧百姓。

② 处江湖之远：处在偏远的江湖间，意思是不在朝廷上做官。

③ 退：不在朝廷做官。

译文

不因外物和自己处境的变化而喜悲。在朝廷里做官就应当心系百姓；处在僻远的江湖间也不能忘记关注国家安危。这样来说在朝廷做官也担忧，在僻远的江湖也担忧。既然这样，那么他们什么时候才会感到快乐呢？大概一定会说："在天下人忧之前先忧，在天下人乐之后才乐。"

拓展

范仲淹（989—1052），字希文。北宋时期杰出的政治家、文学家。大中祥符八年（1015），范仲淹进士及第。后历任兴化县令、苏州知州、陕西经略安抚招讨副使等职。仁宗朝，授枢密副使，后拜参知政事，并发起"庆历新政"，厉行改革。后遭毁谤新政受挫，范仲淹自请出京外任，不久新政被废。皇祐四年（1052），在上任颍州的途中逝世。后累赠太师、魏国公，谥号"文正"，世称范文正公。有《范文正公文集》传世。

元·夏永《岳阳楼图》

118 《幽梦影》一则
yōu mèng yǐng yì zé

[清] 张 潮
qīng zhāng cháo

饭可以一日不吃，觉可以一日不睡，书不可以一日不读。书籍会带领我们见识更广阔的天地，读书更能愉悦我们的身心，让我们尽情享受读书的快乐吧。

文 章 是案头①之山水，山水是地上之文章。
wén zhāng shì àn tóu zhī shān shuǐ shān shuǐ shì dì shàng zhī wén zhāng

注释

① 案头：几案上或书桌上。

译文

文章是书桌的山水风光，山水风光是大地的文章。

拓展

张潮（1650—1709），字山来，号心斋居士。清代文学家、小说家、批评家、刻书家，官至翰林院孔目。作品有《幽梦影》《虞初新志》等。

元·赵孟頫《双松平远图》

119 《幽梦影》一则
yōu mèng yǐng　yì zé

[清] 张 潮
qīng zhāng　cháo

　　古今文人墨客目光所及之处，万物都有了灵性之美，陆游说："石不能言最可人。"灵石虽不言，却充满情趣，你能读懂石之美吗？

梅边之石，宜①古；松下之石，宜拙；竹傍之石，宜瘦；盆内之石，宜巧。
méi biān zhī shí　yí gǔ sōng xià zhī shí　yí zhuō zhú bàng zhī shí　yí shòu pén nèi zhī shí　yí qiǎo

注 释

①宜：适宜。

译 文

　　梅枝边的石头适合古朴，松树下的石头适宜粗拙，翠竹旁的石头仙瘦的合适，盆景内的石头应该精巧些。

拓 展

　　圣人常曰"仁者乐山"，好石乃乐山之意。盖所谓静而寿者，有得于此。窃尝谓陆羽之于茶，杜康之于酒，戴凯之于竹，苏太古之于文房四宝，欧阳永叔之于牡丹，蔡君谟之于荔枝，亦皆有谱，而惟石独无，为可恨也。云林居士杜季扬，盖尝采其瑰异，第其流品，载都邑之所出，而润燥者有别，秀质者有辨，书于编简，其谱宜可传也。

　　　　　　　　　　　　　　　　　　——宋·孔傅《云林石谱序》

元·赵孟頫《双松平远图》

文化记忆四·古代游戏（二）

古代游戏种类繁多，分为竞技类、节令类、助兴类等，但各类别有复杂的交叉现象，分类标准因此难以统一。这里只做大体说明。比如竞技类，既有荡秋千、赛马、蹴鞠（cù jū）、马球、踢毽子、捶丸、抛绣球和打陀螺等技巧竞赛游戏，又有拔河、赛龙舟、角抵等竞力游戏，还有以象棋、围棋为代表的棋类竞技游戏。我国古代重视节令，相关的游戏与活动也极其丰富，如鞭春牛、放爆竹、元宵观灯、斗百草、乞巧、重阳登高等，或提示节令的意义，或强化节日的气氛；更有与节令相关的观赏性游戏，如舞狮子、扭秧歌、踩高跷、跑竹马、跑旱船、皮影戏、木偶戏等，既鲜明地体现了中国古代的民俗气息，又深刻地体现了人们对生活的热爱以及乐观向上的精神。助兴类游戏如投壶、射覆、酒令、茶令、流觞曲水、击鼓传花等更是雅俗兼备，为宴饮增加了乐趣。另有百姓喜闻乐见的抖空竹、跳竹竿、放风筝等杂艺类游戏以及竹马、猜谜语、解九连环等儿童游戏。

蹴鞠

蹴鞠，"蹴"是用脚踢的意思，"鞠"指的是外包皮革、内充米糠的球。"蹴鞠"即踢皮球的活动，类似今日的足球。据史料记载，早在战国时期蹴鞠就流行起来。从汉代开始，蹴鞠成为兵家训练与娱乐的方法，宋代出现了蹴鞠组织和蹴鞠艺人，清代开始流行冰上蹴鞠。可以说蹴鞠是中国古代流传久远的一种体育运动。2006年，蹴鞠被列入第一批中国国家级非物质文化遗产名录。

空竹

空竹，古称空钟、空筝等，属于民间传统玩具。空竹分为单轮和双轮，双轮的形如腰鼓，单轮的形如陀螺，一侧有轮。因其空心而有竹笛，所以称为"空竹"。

清·顾洛《蹴鞠图》

清人李虹若在《朝市丛载》中说："抖空竹。每逢庙集，以绳抖响，抛起数丈之高，仍以绳承接，演习各样身段。"以此可见空竹活动的流行程度。

飞花令

飞花令，得名于唐代诗人韩翃《寒食》中的名句"春城无处不飞花"，是古人行酒令时的一个文字游戏，这个美丽的名字体现了古人的诗词之趣。

飞花令属雅令，因此深受文人们的喜爱。行飞花令时，要求令人所对出的诗句要和行令人吟出的诗句格律一致，而且规定好的字要出现在规定的位置。飞花令可广泛选用诗词曲中的句子，但选择的句子一般不超过七个字。《红楼梦》中多次出现行飞花令的情节，如第六十二回的酒令要求："酒面要一句古文，一句旧诗，一句骨牌名，一句曲牌名，还要一句时宪书上的话，共总凑成一句话。酒底要关人事的果菜名。"时宪书，即旧时的历书。林黛玉的酒令是："落霞与孤鹜齐飞，风急江天过雁哀，却是一只折足雁，叫得人九回肠。这是鸿雁来宾。"说得大家笑了，说："这一串例倒有些意思。"黛玉又拈了一个榛瓤，说酒底道："榛子非关隔院砧，何来万户捣衣声。"

其中"落霞"句出自唐代王勃《滕王阁序》"落霞与孤鹜齐飞，秋水共长天一色"。"风急"句出处不详。折足雁是骨牌名。九回肠是曲牌名，出自司马迁《报任少卿书》"肠一日而九回"。鸿雁来宾来自旧时历书，语本《礼记·月令》"季秋之月，鸿雁来宾"。"榛子"二句，榛子是当时酒席的果品。末句来自李白《子夜吴歌》"长安一片月，万户捣衣声"。

曲水流觞

曲水流觞，指上巳日（三月初三），人们举行祓禊（fú xì）仪式之后，坐在河渠或溪流两旁，在上流放置酒杯，让酒杯顺流而下，停在谁的面前，谁就取杯饮酒。祓是古代为除灾求福而举行的一种仪式，禊是古代在水边举行的洗濯去垢、清除不祥的祭祀。而"曲水流觞"逐渐发展成为文人墨客诗酒唱酬的一种雅事。

曲水流觞的历史非常古老，最早可以追溯到西周初年。据南朝梁吴均《续齐谐记》记载："昔周公卜城洛邑，因流水以泛酒，故逸诗云'羽觞随流波'。"晋代书圣王羲之在其名作《兰亭序》里就记载了他亲历的一次曲水流觞："永和九年，岁在癸丑，暮春之初，会于会稽山阴之兰亭，修禊事也。群贤毕至，少长咸集。此地有崇山峻岭，茂林修竹，又有清流激湍，映带左右，引以为流觞曲水，列坐其次。虽无丝竹管弦之盛，一觞一咏，亦足以畅叙幽情。"既描述了暮春美景，又写出了曲水流觞的乐趣。

明·钱毂《兰亭修禊图卷》（局部）

擘肌分理与古诗教学的层次

王春晓

"擘肌分理"一词出自汉朝张衡的《西京赋》"剖析毫厘,擘肌分理",意为剖分事物的肌肤纹理,用来比喻分析事理十分细致。周振甫在《〈谈艺录〉读本》中曾用"擘肌分理"来概括钱锺书先生的古诗阐释方法,意即对诗句的结构和运用的艺术技巧作细致分析,从而更加深刻地感受诗人所要表达的情味。可以说,这种阐释方法自南朝刘勰在《文心雕龙》中提出以来,经历代文论不断发展,至钱锺书《谈艺录》出版而总其大成,至今泽被学林。

一直以来,我们的古诗教学一再强调对古诗整体的把握,从而导致课堂上对诗句意涵的具体分析相对不足。古代诗人们用凝练的语言、纯熟的技巧表达丰富的情感,我们引导学生通过对语言表达与技巧运用作深入细致的分析,剖析语言的肌理,把握诗人运用的表达技巧,更有助于我们从整体上理解丰富的诗意,体会浑然的诗境。

现从以下五个角度谈一谈擘肌分理在古诗教学中的具体应用。

一、画面的层次

这里所说的画面的层次是指引导学生递次想象诗句的画面,把几句诗组成一个连贯的故事或构成一幅完整的画面。如唐代诗人骆宾王的《咏鹅》从声音、姿态、颜色、动态的描写,层层递进,由点成面。讲析这首诗时,教师应引导学生理解诗句描述白鹅的过程就像是一位画家绘画的过程,诗人如同画家一样一笔一笔地为我们勾画出了一只姿态优美、悠然自得的白鹅形象。

有些古诗不仅有对眼前事物的描写,更有诗人由所见事物引发的合情合理的想象,这样虚实相生,使全诗意境更加饱满。苏轼在《惠崇春江晚景》中写道"蒌蒿满地芦芽短,正是河豚欲上时",诗人从蒌蒿丛生、芦苇萌芽联想到此时恰逢"河豚欲上",用合理想象的虚境补充了实境,使古诗所描绘的景象韵味悠长,更具美感。这种虚实结合的笔墨,拓宽了绘画所表现的视觉之外的天地,使诗情、画意得到了完美的融合。

古诗能为我们呈现的画面的类型也是丰富多彩的。如张志和的《渔歌子》,几句诗呈现出来的就是一幅拼贴画。苍岩白鹭,桃花流水,肥美鳜鱼,箬笠蓑衣,斜风细雨,这些景物随着诗句一一铺陈开来,拼贴成一幅色彩明艳的水乡春汛图。而苏轼的《望湖楼醉书》所描绘的则是一幅动态的连环画。诗人用敏锐的洞察力捕捉住湖上几个正在变化着的自然现象：云滚、雨倾、风卷、天晴，共同组成了一幅流动的西湖骤雨图。

古诗中呈现的这些生动饱满的画面，我们在课堂教学时可以将图片、视频、音频通过多媒体授课的形式直观地展示出来，让学生更直观地体会诗句的美感，感受古诗描写的画面带来的视觉上的冲击。在学习一些画面内容相对写实的古诗（例如《咏鹅》），可以让学生根据自己对诗的理解，用画的形式来展现诗句描绘的内容，运用画面充分发挥他们的想象力与创造力，以画意加深对诗意的理解。在讲解虚实结合所呈现的画面时，教师可利用优美语言的渲染，营造出古诗所要表达的意境，从而走进诗人的内心，体会诗人在创作时的心境。

二、诗意的层次

所谓诗意的层次是指在熟读诗句、理解大致句意之后，引导学生通过逐句分析诗句的意涵，抓住诗作的关键句或关键词（古人所说的"诗眼"），最终抵达诗意中心。

如唐代诗人贾岛的《寻隐者不遇》，诗人追寻的是一位"隐者"，问对了人（童子），知晓了这位隐者在做什么（采药），也知道了他身在何处（此山），却依然找不到人（不知处）。经过一系列情节的推动，全诗最终又回归到"隐"这个字——"隐者"终归于"隐"。近代王文濡《唐诗评注读本》评价道："此诗一问一答，四句开合变化，令人莫测。"由此可见，寥寥四句诗不仅还原了故事情节，更带领我们深入地体会到诗人对隐居生活的悠然向往之心。

再如唐代诗人高适的赠别诗《别董大》："千里黄云白日曛，北风吹雁雪纷纷。"这两句虽境界苍茫磅礴，但所营造的氛围仍有凄苦寒凉之义，处处萦绕着送别的情思。而后两句"莫愁前路无知己，天下谁人不识君"，却抛开了千丝万缕的离愁别绪，转而变为满怀激情的鼓励，这何尝不是更为得体的临别赠言呢？整首诗剖析开来，不管是首两句描绘的气势恢宏的画面，还是后两句对友人充满豪情的赠言，跟其他赠别诗一样，都是在表达诗人对友人的惜别之情；但与众多诗作不同的是，化低回缠绵的喁语而为大音镗鞳的豪言，可以说，这种别情体现出了大唐气象。

古诗讲究锻字炼句，诗人往往将复杂而深刻的情感凝于作品中的一字、一词或一句之中。因此，在这一层次的古诗教学中，就要求我们首先要明确诗意中心，例如《寻隐者不遇》中的"隐"、《别董大》中的"别"。在抓住了解读古诗的关键所在——往往是古诗之"眼"后，进而加以启发、点拨，就能引导学生沿着这个方向做更深刻、更全面的思考、联想，从而快速地把握诗词大意，体会诗词营造的意境之美。在此基础上，引导学生对诗意的层次作具体的分析，就能在诗句的字里行间体会诗人想要表达的情感，更深刻地去理解诗人的情怀。

小学低段古诗教学尤其要注重以上两个层次的剖析。

三、诗境的层次

所谓诗境,可以视为画面和诗意的融会贯通。生动的画面,深远的诗意,共同构成古诗词耐人寻味的意境。

杜甫《春望》中的"感时花溅泪,恨别鸟惊心",花、鸟本是令人愉悦的两个意象,但此时国都沦陷、城池残破,满目凄然的诗人却听鸟鸣而"惊心",见花开也"溅泪"。也有学者认为这里以花鸟拟人,感时伤别,花也溅泪,鸟也惊心。不管是触景生情也好,移情于物也罢,诗句正是在这种情景交融中深化了诗人沉痛的家国之思,从而升华了古诗的意境。

再如韦应物的名作《滁州西涧》,开头两句描写了暮春的景色,诗人用"独怜"的字眼,别有深意。世人皆爱娇媚盛开的百花,而诗人却对角落里那一抹青翠独具青眼,表露出诗人不趋势媚时的胸怀。后两句在水急舟横的悠闲景象中,蕴含着一种不在位、不得用的无奈感伤。意欲归隐,故独怜幽草;无所作为,似水中横舟。诗人正是在这种情景交融中表露着恬淡的胸襟和忧伤的情怀。

在这一层次的教学中,教师要通过多种渠道、多种方式创设情境,营造氛围,引学生入"境"。鉴于小学阶段尤其是小学中低段的学生生活经验少,对于古诗中所描写的画面难以具象化,这就要求我们教师在讲解时想方设法把现实生活中学生耳熟能详的事物引入古诗中,让学生的思维穿越时空,还原现场,拉近现实与古诗的距离。对于诗中所营造的难以呈现在课堂上的意境,则可借助多媒体授课的形式进行动态演示,使学生置身于其中,目视其文,耳悦其声,心醉其情。教师还可以用自己优美的语言唤起学生心中的意象,通过配乐朗读、教师引读等不同的诵读方式,身临其境地让学生感受古诗所营造的意境,从而更深刻更真切地体会诗人所要表达的情感。然后在学生体会意境的基础上,教师从情感色彩、轻重音变化、语气顿挫等方面指导学生正确、流利、有感情地朗读古诗。诵读过程中必要时可辅以一定的动作、音乐伴奏甚至设置短小的课本剧,反复诵读,使学生读中悟、悟中读,品赏出诗的意境、诗的情感。

这一个层次的教学主要应用于小学的中高段。

四、修辞的层次

这里指以修辞的方式增加的层次,比如比喻、拟人、借代、用典、互文等。教师对诗句使用的修辞手法进行解析,使学生了解修辞手法的特征与表达效果,从而对诗人所表达的情感理解得更加深入。

用典是诗中常用的修辞手法之一。所谓用典即借助一些历史人物、神话传说、寓言故事等来表达诗人的某种愿望或情感。美国学者高友工、梅祖麟在两人共同撰写的《唐诗三论》中写道:"典故的运用使本来不可能的事成为不必要的事:由于环境、动机、人物关系等背景材料都已蕴含于典故之中,详细的解释就被简略的暗示所取代了。当提到某个历史人物或地点时，所有与之相关的意义和事件都会随之俱出；而当典故运用于现实的题材之中时，就为道德行为提供了活动的环境。在这种速写式历史的运用中，中国诗人的表现与禅宗画家的风范非常接近，后者只要很关键的寥寥几笔就能画出人物和风景等非常丰富的内容。"

如宋代诗人李清照的《夏日绝句》："生当作人杰，死亦为鬼雄。至今思项羽，不肯过江东。"要理解这首诗，就要了解西楚霸王项羽兵败乌江自刎的典故，才能体会出诗人慷慨激昂的表达：人活着就要做人中的豪杰，为国家建功立业；就是死也要为国捐躯，成为鬼中的英雄。

钱锺书先生在《谈艺录》中指出李贺："好用代词，不肯直说物名。如剑曰'玉龙'，酒曰'琥珀'，天曰'圆苍'，秋花曰'冷红'，春草曰'寒绿'。"这里所提到的"代词"大致相当于修辞手法——借代。古诗中恰当地运用借代可以引人联想，并能达到形象突出、特点鲜明、文笔精练、具体生动的作用。李贺将秋花称为"冷红"，春草称为"寒绿"，既从视觉上突出了花草的颜色，又从触觉上强调了幽冷的感受，形成了独特的"诗鬼"风格。再如杜甫《自京赴奉先县咏怀五百字》："朱门酒肉臭，路有冻死骨。"以"朱门"代指富贵豪门，红门白骨的强烈对比令人触目惊心。

理解诗句修辞的层次，对学生有识记的知识性要求，需要教师在课堂上明确不同修辞的概念，并且要求学生在日常学习中积累并熟练掌握修辞的相关知识，这样才能让学生在古诗学习中感悟诗人丰富的思想情感，感受诗人高超的表达技巧。因此，这一个层次的教学主要应用于小学的高段。

五、附加的层次

附加的层次指的是诗句以外的相关内容，例如诗作的时代背景、作者境遇、门派诗风、时代诗潮等。如教学杜甫的部分诗篇，就需要学生了解唐朝"安史之乱"的时代背景，才能感受到诗人身处乱世的愤懑和无能为力。同样，在学习陆游的诗句的时候，教师要特别强调南宋与金对峙的历史背景。

而有些诗篇的创作产生于作者独特的境遇。《早发白帝城》创作于唐肃宗乾元二年（759）春天，此时的李白正值被流放夜郎，途经四川赴贬地。行至白帝城，忽闻赦书，惊喜交加，旋即东下江陵。了解了诗人此时的遭际，我们才能领悟到"轻舟已过万重山"不仅仅是在写轻舟坦途顺畅，更是在表达诗人得见云开月明的欣喜。

不同派别的古诗在表情达意上也各具特点。以王维、孟浩然为代表的山水田园诗派，上承陶谢，以反映田园生活、描绘山水景物为主要内容。他们的作品大多抒发了闲适淡泊的思想情绪，气韵深长。以高适、岑参、王昌龄为代表的边塞诗派，其诗作或表现保家卫国的英勇精神，或表达对民族和睦的期许，诗风悲壮，格调雄浑。而以李白为代表的浪漫诗派以抒发个人情怀为中心，吟唱对自由人生个人价值的向往与追求。了解学习不同诗派的语言风格和表达特点，能让学生在分析诗句和理解诗人精神情感时做到有的放矢,事半功倍。

在这一层次的学习中,我们可以利用比较阅读法设计古诗课堂教学。例如,可以列举同一个诗人不同时期的诗作,感受人生境遇带给诗人情感性情上的改变;也可以列举同一时期不同诗派诗人的诗作,感受诗派之间风格的差异。通过这种鲜明的对比激发学生学习古诗的主动性,活跃学生的思维,引导学生举一反三,学会思考,学会学习。这里可将课内学习和课外自由阅读联系起来,让学生尝试用课内学到的审美方法去鉴赏新的作品。

通过对这些附加的层次的理解学习,引发学生的共鸣,激发意兴,感悟情志。尤其在学习一些创作在朝代更迭、社会动荡的诗作时,教师借助读诵引发学生共鸣,激发学生的爱国主义情感,从而实现爱国主义教育。小学中高段的古诗词教学尤其要强调附加的层次。

从不同的角度具体剖析诗句的层次,配合现代化教育手段,能够更准确更深入地把握整体的诗境,让学生产生更清晰更深刻的认知。其实,画面、诗意、诗境、修辞、附加等这几个层面密不可分,这里强作分解,是为了从不同视角对诗句进行分析,让学生们从不同侧面加深理解古诗的意蕴。